天下税鉴

姚轩鸽 · 著

九州出版社　JIUZHOUPRESS ｜ 全国百佳图书出版单位

图书在版编目（CIP）数据

天下税鉴 / 姚轩鸽著. -- 北京 ：九州出版社，
2022.11
ISBN 978-7-5108-8933-2

Ⅰ．①天… Ⅱ．①姚… Ⅲ．①税收管理－财政史－世界－文集 Ⅳ．①F811.9-53

中国版本图书馆CIP数据核字（2020）第019421号

天下税鉴

作　　者	姚轩鸽　著
责任编辑	石增银　赵晓彤
出版发行	九州出版社
地　　址	北京市西城区阜外大街甲 35 号（100037）
发行电话	(010)68992190/3/5/6
网　　址	www.jiuzhoupress.com
印　　刷	三河市国新印装有限公司
开　　本	880 毫米 ×1230 毫米　32 开
印　　张	7.875
字　　数	140 千字
版　　次	2023 年 4 月第 1 版
印　　次	2023 年 4 月第 1 次印刷
书　　号	ISBN 978-7-5108-8933-2
定　　价	58.00 元

他山之石，可以攻玉。

——《诗经·小雅·鹤鸣》

橘生淮南则为橘，生于淮北则为枳。

——《晏子使楚》

没有哪一次巨大的历史灾难不是以历史的进步为补偿的。

——恩格斯

每一种真正的历史都是现代史。

——克罗齐

历史孕育了真理，它能和时间抗衡，把遗闻旧事保藏下来。它是往昔的迹象，当代的鉴戒，后世的教训。

——塞万提斯

序一

以史论税的益智之作　治国理政的金石之言

刘文瑞 [①]

　　姚轩鸽的《天下税鉴》即将出版，有幸先睹为快。尽管自己的税收知识欠缺，好在还有一些史学积淀。而轩鸽纵横中外古今，正是用讲史作为论税的铺垫。这就好像一座宏伟建筑，正面的牌匾上大书"税务"，而里面的各房各科却都是"历史"。该书包含了史料、史识、史才、史德的恰当运用，曲径通幽，给人们展示出税收的历史门径；柳暗花明，使人们能够看到税收的道理和机制。所以，值得一读。

　　以史说事，求得史鉴，首先需要有素材。在这方面，轩鸽爬梳古籍，搜罗中外，汇集了大量与税有关的史实资料。从国内讲，不仅有从宏观上历代王朝的税制兴衰，而且有微

---

①　刘文瑞，男，陕西子洲人，西北大学公共管理学院教授，兼任中共陕西省委干部培训特聘教师。主要从事管理学原理、公共管理、中国政治制度和管理思想等方面的研究，共发表各类文章 500 余篇，其中学术论文 70 余篇，有 40 余篇文章被人大报刊复印资料全文转载。出版个人专著 6 种，合著专著 8 种，独著和参与编写普及读物 6 种，合作编写教材 6 种。其中获省部级社会科学研究成果二等奖 2 项，三等奖 3 项，获省部级教学成果二等奖 1 项。

观上税收史事的细微剔抉。像对西夏税制的发掘，对《鄂州约法》财税退款的解读，对开平碉楼和永定土楼的税眼考察，对安康赋税碑文和各地免税立碑的分析论说，一直到近现代社会转型中的财政赋税案例，给我们提供了大量涉税资料。无论是从故事角度，还是从制度实施和社会变化角度，都提供了十分有价值的思考线索，丰富了相关的经验积累。

更重要的是，轩鸽的书不仅仅是素材资料，而且还是学术思考。读史不仅仅是让人们增添谈资，更不是单纯汇辑各种陈年旧事，而是借此增长人的见识，帮助人们洞察世情，看穿古今治道，了解社会兴衰。在资料和识鉴两个方面，识鉴是关键。唐代史家刘知几认为，治史须兼备才、学、识三者，尤重史识。"史才须有三长，世无其人，故史才少也。三长：谓才也，学也，识也。夫有学而无才，亦犹有良田百顷，黄金满籝，而使愚者营生，终不能致于货殖者矣。如有才而无学，亦犹思兼匠石，巧若公输，而家无楩柟斧斤，终不果成其宫室者矣。犹须好是正直，善恶必书，使骄主贼臣，所以知惧，此则为虎傅翼，善无可加，所向无敌者矣。"（《旧唐书》卷一○二《刘子玄传》）如今史部普及读物越来越多，然而往往才学识偏于一隅。要么史料堆砌而无卓见，要么议论空泛而底子薄，很难兼顾。用刘知几的尺度衡量，《天下税鉴》一书，既有丰富的史料（学），又有深邃的识鉴（才），还有浩然正气引发的道义支撑（识）。三者互相作用，相得益彰。

轩鸽能做到才学识的平衡兼顾，至为难得。

中国史学有经世致用的传统。《天下税鉴》一书弘扬了这种传统，这是值得称道的。然而，更深层次的问题在于，经世致用与为己之学，实用价值和求真价值，往往存在冲突。从学术角度看，科学和技术是不一样的，前者立足求真，后者立足求用。但在中国，人们把这两个不同词汇组合在一起，并且浓缩为"科技"一词广泛使用，恰恰反映出内在的中国式思维传统。在国人眼里，科学的价值就在实用。这种观念在中国古代史学中十分普遍，秉笔直书是为了弘扬正义，史料运用要隐恶扬善，而在善恶选择之中，一旦遇到真实与道义的冲突，求真就要服从道义，直笔的准则首选善而非首选真。伴随着近代以来的科学化思潮，人们开始以考证和疑古的方式校核史籍中真与善的矛盾，由此产生了对历史记载的怀疑乃至否定。更重要的是，在各种政治需要下产生的影射和比附，使史学的真实性受到严重挑战。而这种怀疑与否定，又导致人们对史学失去信任，反过来严重削弱了史学的济世功能。所以，如何在学术研究和知识传播中既做到求真，又做到求善，在"经世致用"与"学以为己"之间恰当地拿捏分寸，是一个考验。轩鸽在这一考验面前，以为己之学奠基，以济世之学拓展，铸就了作品的质量。我们每个人都会遇到这种考验，哪怕是才高八斗、学富五车的名家，也会在真与善、义与利、人与己的选择面前逡巡徘徊。《天下税鉴》在这种考量中跳出了比附陋习，以求真而致用，为史学在税务研究中的应用作出了表率。

读史写史是为了增进人们的智慧，智慧来自对经验的反思和对事理的辨析。恰当的历史言说，能够使人们得到更多的超越时空的经验，看穿更多的形形色色的事理。如果把历史变成公式和教条，只会降低人们的智力。对于那种一忽悠就情绪激昂，一刺激就暴跳如雷的人来说，历史是有效的解毒剂。读史能够使人们产生更多的理性思考、更深的经验感知、更高的智慧领悟。就税而言，轩鸽的这本书，可以使读者跳出就税论税的层次，从历史兴衰的角度理解治国理政的要义，进而明道、明知、明行。

相传宋代李淑的《邯郸书目》有言："诗书味之太羹，史为折俎，子为醯醢，是为三味。"轩鸽其人善诗，所以其文笔犹如精致之羹；力攻史籍，所以其意蕴犹如淳厚之肉；承继诸子风格，所以其锋芒犹如重味之醢。这本书给读者提供的是高质量的精神食物。当然，轩鸽的风格和笔法，烹制的是风味小吃而不是名贵大餐，正如陕西的油泼面、羊肉泡一样实惠，值得一尝。

序二

用伦理打量税收历史

施　诚①

税收伦理学是从伦理学角度研究税收的交叉学科，研究税收的依据、税制的道德原则、税负的分摊、收税征纳人员道德准则和规范等。对于学过伦理学、当过基层税务干部的姚轩鸽来说，能把理论与实践紧密联系起来的学术研究领域就是税收伦理学。

轩鸽长期醉心于学术，笔耕不辍，在各种财税专业报刊上发表了大量文章。本书就是他近年发表的部分文章的集结。轩鸽索序于我，我感到十分惶恐：一则因为我没有资格，二则因为我没有研究过税收伦理学。但是轩鸽肩头搭着毛巾、

① 施诚，男，首都师范大学历史学院教授，博士生导师。主要研究方向为欧洲中世纪史、文艺复兴史、全球史。美国纽约州立大学布法罗学院历史系、加州大学伯克利分校历史系、英国爱丁堡大学历史系访问学者。在《历史研究》《世界历史》《史学理论研究》、*Sixteenth Century Journal* 等国内外报刊上发表多篇学术论文，出版个人专著 2 部、参著 3 部；独译 1 部、主译 1 部、参译 2 部；承担国家社科基金后期资助项目 1 项、北京市哲学社科重点项目、教育部重大攻关招标项目子课题、北京市委组织部优秀人才资助项目各 1 项，参与省部级科研项目 2 项；获得过国家级、省部级、校级科研奖励。

伏案写作的一张照片，让我感动不已。如果不写几句话，我觉得有愧于朋友。

综观全书，我认为它反映了作者治学的三个特点：博识、善思和勤写。

除了用税收故事讲述古今中外的税收历史，本书还讲述了古今中外的"税人"故事。从王安石变法到罗塞塔石碑，从"陕甘宁边区民主财税的'大节'"和"政府过'紧日子'的陕甘宁边区经验"到特朗普的税改法案；从"孙武为何以税负论兴衰"到"马克思为何赞同直接税"。这些税收和税人故事充分反映了轩鸽的博闻强识能力。

大多数人游览福建永定土楼、广东开平碉楼等景点，或探究其历史成因，或惊叹它们的巨大规模，或赞叹它们把审美与实用融为一体的建筑智慧。而这些独特建筑却引起了轩鸽的"税收遐思"，他认为"土楼的价值还在于它是我们探求原始税收起源的活化石，是我们解剖税收终极目的的活体切片"；而开平碉楼则隐含了当时地方政府失职、不能为民众提供安全保障的税收之痛。

轩鸽是个极其勤奋的作者。就我所知，他撰写和发表的税收伦理文章远比本书收集得多，而且出版了多种税收伦理学专著。

本书文章都围绕一个中心：以中外税收历史和现实中的实例来论证税收与国运兴衰的紧密关系。

2018 年 6 月于京西亮丽园

自序

向税史借点智慧

正值中美贸易摩擦趋于白热化之际，为拙著《天下税鉴》写个"自序"，给读者一个概括性的交代，或既符合逻辑和情理，也具有特别的意义。

因此，在初夏淅淅沥沥的喜雨中，一种久积的忧患意识油然再起，漫溢了笔者长期税收伦理运思的心田，于是"思接千载，心骛八极"，进入税鉴智慧的星空与领地。

国家大小之别，多因为比较而生，而其比较之项，也各有所重，或以国土大小、人口多少、国家组织机构之规模论之，或以政治、经济、文化、军事实力等影响力之强弱大小而论，因此，相对性便始终相随，形影不离。但无论如何，大国有大国的优越，小国有小国的窘迫，大国有大国的"难念之经"，小国也有小国的优势与强项。毋庸置疑，大国治理具有系统性、复杂性、动态性与不确定性等特点，需要动员更多的物质与精神资源推进和运作。而且，尽管大国的影响力相对较大，但其责任也大。

逻辑上，大国之优势，也可能成为大国之短板。比如土地辽阔，人口众多，组织管理规模巨大，治理所需要借助的资源也就众多，等等。或者，大国治理一旦走上歧路或迷路，其修改与更正的难度将很大，成本无法计量，资源浪费也将巨大。因此，大国治理必须慎之又慎，择善固执，制心一处，谨防"失之毫厘，谬以千里"。

税收治理亦然，必须从人性"事实"如何的规律出发，以增进全社会和每个国民的福祉总量为圭臬。首先，大国税收治理应该围绕增进全社会和每个国民福祉总量的总目标展开。即在国家与国民利益尚未发生根本性冲突、可以两全的情境下，坚决奉行"不伤一人地增进所有人利益"的"帕累托最优原则"。唯在国家与国民利益发生根本性冲突，且不可以两全的情境下，方可谨慎奉行"最大多数人的最大利益原则"，而且需以遵从自愿同意原则为前提。

其次，大国税收治理应该遵从人道自由最高道德原则。即把"把人当人看"和"使人成为人"作为大国税收治理的最高道德原则，同时坚决拒绝异化。既应遵从平等、法治、限度一般税收治理道德原则；也应遵从政治、经济、思想自由的具体税收治理道德原则。

再次，大国税收治理应该遵从公正平等根本道德原则。

最后，大国税收治理还应遵从诚信、节俭、便利等重要道德原则。

事实上，不同国家，不论大国小国的政治、经济、文化等社会治理，都应遵从上述道德原则，奉行"己他两利"道德原则，也即国家与国民两利的道德原则。就税收治理而言，就应奉行"征纳两利"道德原则。唯有此，国家、税收治理方可日益增进全社会和每个国民每个同胞的福祉总量，实现其终极目的。

因此，向税史借智慧，其实就是要向古今中外的涉税人和事，汲取上述道德价值领域的智慧与经验，规避这些领域的教训。当然，这并不是说在具体技术层面的"他山之石"借鉴不重要，或者没有一点价值和意义。

问题或在于，虽然各个国家，不论大小，理论上都会宣示其国家、税收治理的终极目的是增进全社会和每一个国民的福祉总量，但由于各自历史文化传统、社会管理理念、经济基础等自然禀赋与具体境遇的不同，实践中往往会选择各式各样的路径和方法，从而在实现治理终极目的——增进全社会和每一个国民的福祉总量方面，呈现形形色色的过程与结果，甚至存在天壤之别的差异。同理，一个国家的税收治理，要真正实现增进全社会和每个国民福祉总量的终极目的，既应该向自己国家税史汲取智慧和经验，借鉴历史教训，也应向其他国家的税史汲取税收治理的智慧与经验，借鉴其历史教训。"他山之石可以攻玉"，己山之土或可养玉。

就是说，大国税收治理，既应该向税史，即国内外的税收历史借智慧，也应该向税史学借智慧。由于税收历史不过是既往税收治理活动中涉税之人和事的行为过程，因此，大国税收治理就需要从这些涉税之人、事活动的得失经验与教训中，汲取大智慧；同时也注意从税史学著作中汲取税收治理的大智慧。二者的不同在于，各自所汲取的税收治理智慧种类和层次，既有质的差别，也有量的差异。众所周知，税史价值在于它能满足人类税收治理的某种需要，比如满足人类渴望不断优化税制的需求，不断增进福祉的需求，等等。而且，税史价值多种多样，既有功利价值，也有人的价值，还有社会价值。而真正税史借鉴，既可能促进现实生产力的发展，调适生产力与生产关系之关系，也可能调节经济基础与上层建筑之间的关系，助力税制变革，凝聚税制变革的动力，促进社会治理的现代化转型。

简而言之，向税史借智慧是有层次的。正如历史学者刘文瑞先生所言："历史不仅是经验参照，而且是价值标尺和道德准则，因而对治国理政具有重大影响。现代治国理政从历史中汲取智慧可分为四个层次：一是方法和技巧的模仿；二是寻求历史借鉴；三是提高理性认知水平；四是增进人类的智慧。这四个层次，均有走入歧途的可能。"[①] 这就告诉我们，向税史借智慧，应注意层次性，不能仅仅满足于税收治理具体"方法和技巧的模仿"，更应关注"寻求历史借鉴""提高理性

---

① 刘文瑞：《历史中汲取治国理政智慧》，《西北大学学报》（哲学社会科学版），2017年，第3期。

认知水平""增进人类的智慧"更深层次的借鉴。同时要特别警惕"这四个层次","均有走入歧途的可能"问题，谨防向税史借智慧的低层次、枝节化等现象。

换句话说，大国税收治理不能仅仅满足于对何国在何时何地，向何人，在何环节，以怎样的税率，征收了何种税，以及对税法不遵从者做出了何种处罚等税收技术要素方面汲取经验和智慧，更应关注最高税权掌握在谁手里，掌握在多少人的手里？重大税收事务由谁执掌最终决定权？以及税收终极目的是什么？就本质而言，唯有通过向税史借智慧，提高税收认知水平，增进税收治理大智慧，才是税收历史研究的真正价值所在，也是税收治理最应关注的大本大源问题。舍此一切在税史研究名义下进行的涉税历史研究与借鉴，或不过属于税收历史知识的思维游戏而已。

必须指出的是，大国税收治理既可向税史借智慧，助力税制的优化与现代化。同时，特定的税史传统，也可能成为税收治理现代化进程的包袱与阻力。道理如马克思所言，因为"人们自己创造自己的历史，但是他们并不是随心所欲地创造，并不是在他们自己选定的条件下创造，而是在直接碰到的、既定的、从过去承继下来的条件下创造。一切已死的先辈们的传统，像梦魇一样纠缠着活人的头脑。"[1] 或如陈寅

---

[1] 马克思：《路易·波拿巴的雾月十八日》，马克思恩格斯：《马克思恩格斯选集》(第 1 卷)，人民出版社，1995 年版，第 585 页。

恪先生所言，因为我们无法真正了解历史，"窥测其全部结构"。具体说，因为"吾人今日可依据之材料，仅为当时所遗存最小之一部，欲藉此残馀断片，以窥测其全部结构，必须备艺术家欣赏古代绘画雕刻之眼光及精神，然后古人立说之用意与对象，始可以真了解。所谓真了解者，必神游冥想，与立说之古人，处于同一境界，而对于其持论所以不得不如是之苦心孤诣，表一种之同情，始能批评其学说之是非得失，而无隔阂肤廓之论。否则数千年前之陈言旧说，与今日之情势迥殊，何一不可以可笑可怪目之乎？ 但此种同情之态度，最易流于穿凿傅会之恶习。"① 如果向历史借鉴的目的、思路与方法有误，或将适得其反。对此，刘文瑞先生指出："历史之鉴，就是借助史书观察发现各种力量之交错作用和走向脉络，在多个甚至无数平行四边形的复合之中看到趋势。如果说，读史求用相当于解应用题，那么，读史求鉴就相当于云计算。"② 向税史借智慧亦然。特别是进入大数据时代后，大国税收治理更应借鉴国内外税收治理的历史经验与智慧，借用一切力量和资源，探求人类税收治理的共享智慧。而且就税收的本质而言，更应在此向税史借些大智慧。

---

① 陈寅恪著：《冯友兰中国哲学史上册审查报告》，金明馆丛稿二编，生活·读书·新知三联书店，2001年，第279页。

② 刘文瑞：《历史中汲取治国理政智慧》，《西北大学学报》（哲学社会科学版），2017年，第3期。

所幸，拙著《天下税鉴》虽然有对税收治理技术、方法等具体技术历史的涉猎，但更多是从国内外税史、税人和税学著作中，汲取大国税收治理的共享智慧，寻求税收历史的借鉴价值和意义，提高税收治理理性的认知水平，探求现代大国税收治理的一般规律与道德价值机理。而本著收集的关于国内外税事、税人的多管随笔与时评，尽管题材多样，散点分述，成文时间跨度较大，但价值评价标准一以贯之，旨在提升税收治理理性的认知水平，增进人类的税收治理智慧，推进中国税制现代化转型。

　　"历史是过去的现实，现实是未来的历史。""历史价值是一定事物、现象和行为所具有的历史意义。历史价值是人们从历史的角度来衡度的事物、现象和行为的价值。凡是对人类历史的发展具有影响的事物、现象和行为，无论这种影响是积极的还是消极的，都具有历史价值。"[①]诚哉斯言，税收治理亦然。大国税收治理要日臻完备完善完美，向税史借智慧，显然是科学理性的选择。特别是身处"千年之大变局"时代的中国税收治理，更应以"海纳百川，有容乃大"的胸怀，自觉向中外税史借智慧，以期滋养中国税收治理现代化转型之伟大事业。

2018 年 4 月 23 日于西安沉潜斋

---

① 《价值学大辞典》，中国人民大学出版社，1995 年版，第 410 页。

目　录

第一辑　域外税鉴

第一辑

域外税鉴

不懂税收也就参不透历史

历史总是充满无尽的吊诡，也总有一副普洛透斯式的多变脸庞令人难以琢磨。

比如，流传了二百多年的关于美国南北战争的动机、起因的结论，从一开始就被一个又一个的历史事实所质疑。奴隶制是美国南北战争起因的始作俑者与推广者——约翰·斯图亚特·穆勒的耳根，也从来就没有清净过。当时就有他的老对手查尔斯·狄更斯的不依不饶，认为不是奴隶制，而是税收导致了美国的内战。此后，尽管此论一直占据美国内战思想的主流地位，但从来就没有一统过内战思想的江湖。刚出版不久的《美国人的传统》一书作者，就直截了当地质疑"奴隶论"，认为美南北战争是因"税"而起，税收是内战的主要原因。

事实上，围绕促使南方脱离北方而造反的问题，历史学家不知耗费了多少心血。当时南方最有名的代言人约翰·卡尔霍恩就有关于税收的抱怨，这可作为南北战争"税收论"的佐证。在他看来，在南北双方三十多年来的斗争中，北方的制造业和商业利益集团，总是通过国会的税收来压迫南方的种植园主，结果使得南北方的税负轻重不一，"税痛"大小不等，贫富差距越来越大。因此，卡尔霍恩为南方四处奔走呼号："北方已经采纳了一种税收和支出制度，其中，给南方施加了不合理的税收负担，同时，不合理的支出比例使得北方受益。……南方作为这个联邦中被残酷剥削的部分在事实上缴纳了超过其应当负担比例的税收。"显然，在他看来，这样的税收是极为不公平的。难怪另一位历史学家也说："在整个南方都憎恨关税，把它当成一个破坏他们经济的不公平税收看待。"毋庸讳言，早在1828年的时候，关税就被称为"令人厌恶的关税"。

具体而言，南方的税收抱怨在于，当时联邦征收的进口税法就是针对他们的，就是对他们的公开掠夺。高额进口税不仅直接伤害了他们的利益，使他们为北方的商品支付了高额的价款。而且联邦征收的他们的税收，却用在了北方，为北方提供公共服务。坦率地说，这种税收抱怨，早在1832年就已经发生过，而且还引发了反对高进口税的第一次起义。所幸的是，在随后的几年中，公共理性主导了南北方的舆论，关税（进口税）降到了南卡罗莱纳州能够接受的程度，并未酿成大规模的混乱和战争，因此也被史学界称为"1833年伟大的妥协"。但到了1860年，这种共识与理性却不复存在，认为"脱离联邦是解决这些冲突的最好方式"，"是走向繁荣富强的唯一选择"。

在"税收论"者看来，对于南方的奴隶制问题，大多数北方人并不关心。事实也告诉我们，当时南方黑人奴隶的待遇并不比北方的穷人差。或许正因如此，"奴隶论"一直就受质疑，林肯也被南方视为"独裁者"，并不像人们认为的那样，他是一个完美的自由主义者。其实，有位来自北方的温和派人士克莱门特·维兰迪甘就直言不讳地批评林肯，认为他的所得税政策是公然的掠夺："通过一部税法，它的喜好全部强加到一个被征服的民族头上，他们（共和党）已经拥有……这个国家人民的全部财产。"对此林肯暴怒，还下令抓捕了维兰迪甘，并在俄亥俄州军事法庭进行审判，认为他犯了"叛国言论罪"。问题是，维兰迪甘来自北方，此罪并不能成立。或者说，虽然林肯看似大义凛然地赞同发起战争，但却无法掩饰一颗蠢蠢欲动的税收利益之心。他在就职演说中就一再强调，要到南方去征关税，即使他们要退出联邦。对此时人心明眼亮，认为"关于奴隶制度，他可以调和；关于进口关税，他在威胁"。甚至，"南方可以脱离联邦，只要他们向北方纳税"。而林肯给南方提出的最后选择恰恰是："纳税或者战争"。然而，当共和党人在通过国会意欲进一步推高关税之际，南方却在做着相反的事情，它们通过了新宪法，并模仿《美国宪法》列出了一条独特的条文——禁止征收高额进口税。在当时的南方看来："脱离联邦不仅使得南方免于遭受北方税收的束缚，而且使得南方有机会从被压迫者变成压迫者。"这样，脱离联邦的共识，也就因为税收冲突而逐渐形成，并通过税收开始付诸行动。

南北战争一触即发。

笔者认为，美国南北战争的一个重要起因就是税收，一种显失公正的税收。但林肯却站在北方的利益立场上不以为然，并在开战前强调："在税法的执行中，堡垒和要塞具有非常重要的作用。……从实践的观点来看，这是美国税法能否在这三个海港——查尔斯顿、波弗特海（Beaufort）以及乔治城（Georgetown）执行的问题，或者是它们是否会变成自由港，向世界商业开放，对于南卡罗来纳州认为适当的税收没有任何限制的问题。……保持堡垒和要塞是为了执行税法，而不是攻占一个州。"其税收利益之心袒露无遗！对此，当代税法专家查尔斯·亚当斯精辟地指出："毫无疑问，脱离联邦是导致内战的原因。"但是，"税收是双方所考虑的最重要的因素。南方的奴隶制可以被北方容忍；南方的自由港却是北方所不能容忍的。战争是由南方的一些头脑发热之人朝着位于查尔斯顿海港的联邦堡垒开炮而导致的。战争也是林肯决定运用军事力量镇压这次起义而导致的。但是在这些暴力行为以及脱离联邦行为本身背后的是双方都不愿意妥协的税收问题"。

总之，任何民族都可能因为一场战争而灭亡，但隐藏其后的一般性的原因大多因为利益，因为征税权的争夺。压迫性的税收，或者成为催生文明、革命的原因，或者成为引发起义或混乱的原因。可以说，读不懂税收，也就参不透历史发展的深层逻辑与奥妙。转型社会，矛盾冲突交织，更应该专注"税痛"的流转机理，从历史变迁的事件中，汲取发展的智慧与经验。

（原载 2013 年 10 月 22 日《深圳特区报》）

第 13 号提案：美国税收史上的丰碑

2003 年 8 月 20 日，美国著名影星——阿诺德·施瓦辛格在公布自己竞选加州州长的经济政策时向公众夸口说，如果他当选州长，绝不会增加加州纳税人的税收负担，并要与财政赤字"搏斗"，直到它"屈服"为止。同时还表示，他会给加州带来一个好的商业环境并恢复它的税收水平，"就像 1968 年人们说'我不能再等了，我要去加州'那样"。

令人深感意外的是，施瓦辛格在新闻发布会上说："我告诉巴菲特，如果他再提起 13 号提案，他就得去做 500 个仰卧起坐。"而巴菲特看着施瓦辛格友好而又威胁的眼神说："再不会了。"岂不知，沃伦·巴菲特是美国具有传奇色彩的投资家，更重要的是——他是施瓦辛格的经济和金融顾问。而施瓦辛格之所以当众用这样的方式对巴菲特说话，是因为在上一周，巴菲特曾经提出过一个对制约加州财产税增长的相关法律进行修正的建议，结果引起一片非议。

细心的人不禁追问——什么是第 13 号提案？施瓦辛格为何对第 13 号提案如此反感和厌恶？

1. 背景

第 13 号提案是一个税收提案，是由 1986 年诺贝尔经济学奖得主，公共选择学派创始人和代表人物之一——布坎南于 1978 年在加州提出的。第 13 号提案是在加利福尼亚州的一次全民公决中，选民以二比一的优势批准了一项宪法性限制，具体说，把不动产税限制在市场价的 1%。值得一提的是，第 13 号提案通过之后，陆续又有第 4、62、98、218 等多项与税收和支出有关的法案提出，这一系列提案的直接结果是——加州政府预算的 85% 不在州议会或州长控制之下，州议会仅仅只能审议 15% 的经费，而其余 85% 的经费都被公民通过他们创制的法律指定了用途。由此，因第 13 号提案，创下了全世界财税史上少见的奇特纪录。

这样一个看似有违"常理"的提案之所以能被全民通过，必定有支持它的理由或者特殊的历史与现实背景。

众所周知，20 世纪二三十年代开始到七十年代以前，整个世界经济界几乎都在奉行凯恩斯主义的财政扩张性政策，凯恩斯主义理论成为西方各个国家制定公共政策的一个重要的参考依据。而美国更是成了凯恩斯主义的典型试验场，美国前总统尼克松曾说："我们现在都是凯恩斯主义者了。"而且在那个时代，无论是"拥护他的人也好，批评他的人也好，都是同样使用凯恩斯的词汇和分析方法"（哈里斯语）。很显然，在那个时候，人们把凯恩斯主义看成了"资本主义的救星"和"战后繁荣之父"。

凯恩斯主义理论产生的历史背景是"二战"后西方资本主义社会长期的经济衰退和严重的失业，而经济衰退和失业又与通货紧缩、供过于求紧密相伴。于是，凯恩斯主义者就把二者联系起来，将责任归咎于市场失灵，主张通过增加公共开支来减少失业、扩大需求，其实质就是通过扩大政府职能来矫正市场失灵。凯恩斯主义作为西方资本主义世界经济危机的直接产物，无疑是适应国家垄断资本主义的需要而产生的。回顾西方社会经济发展史，在凯恩斯主义之前，占统治地位的经济学说通常是把完全竞争和充分就业的假设作为既定的前提，但是，"二战"后资本主义世界的经济危机却证明，这两种假设是不符合现实的。因此凯恩斯提出，资本主义自发作用不能保证资源使用达到最优，也不能实现充分就业，因此，国家有必要采取一系列干预经济的政策，这样，就可以使资本主义解决头疼的"失业"问题，既能维持传统经济学对资本主义的颂扬，也可以为垄断资本的国家干预经济生活政策提供理论基础。显而易见，如果奉行凯恩斯主义，其必然结果就会扩大政府干预经济生活的职能，放纵政府权力的扩张。问题是，扩大政府干预经济生活的职能，放纵政府权力的扩张就一定能够矫正市场失灵吗？

正是在这种对政府权力扩张的担忧中，公共选择学派走到了前台，肩负起了防止加州政府权力无限扩张的历史重任。

在公共选择学派看来，政府之所以能够不断扩张它的职能，是因为政府可以无限扩大自己的征税权力，不断地获得干预经济生活的能力，按照自己以为的偏好去干预经济生活。公共选择学派创始人和代表人物之一——布坎南就一再引用孟德斯鸠和约翰·马歇尔首席法官的话提醒公众，一定要盯住政府征税的权力。一条永恒的经验是："任何掌权者都倾向于滥用权力；他会一直如此行事，直至受到限制。""征税的权力事关毁灭的权力。"布坎南也是基于这种对征税权力的警惕，才提出第 13 号提案等一系列限制政府征税权力扩张提案的。他们认为，越是高序位的规则，越是应当具有前瞻性和持久性，越是需要从跨越时段的长远视角去"立宪"，从宪法的层面去对加州政府的征税权力加以限制。"立宪层面的问题的本质是，如何约束加州政府的自然倾向，以便使它所产生的结果同潜在纳税人——选民——受益人从初始的立宪视角出发观察自己的后立宪阶段的角色时所欲求的结果相一致"。

2. 意义

通过上述对第 13 号提案出台的历史背景和现实需求的扫描，我们就会明白——为什么通过第 13 号提案等一系列提案，加州政府预算的 85% 不在州议会或州长控制之下，而州议会仅仅只能审议 15% 的经费。这是因为，公众对加州政府不能过度"信任"，政府过多地对经济生活的干预会侵蚀经济生活的基础。

第 13 号提案的通过，其意义是十分重大的。它意味着在凯恩斯主义理论诱导下的"爆炸性的政府扩张时代可能正已接近尾声"，意味着美国纳税人""向真正的'抗税'迈出了重要性的第一步。"对此，就是第 13 号提案的提出者布坎南，在时隔多年以后回顾第 13 号提案时，也毫不避讳地对它的意义给予了充分的肯定。他总结说，首先，这次抗税不是来自普通的"议会"过程或党派之争，而是来自这一系统之外。第 13 号提案是在加州面对大多数政治机构的漠不关心甚至反对的情况下大获成功的，这想必会使人对普通政治过程反映民众意愿的程度产生某种怀疑。相当一部分最初反对这场运动的人令人瞩目地回心转意，也没有消除这种怀疑。其次，抗税所采取的形式，不是一次性消减税收和支出，而是明确的立宪约束，它适用于无期限的未来。公开声明的意图就是限制加州政府规模，使它处在规范的选举过程条件下将存在的水平以下。它的显而易见的意义是，一群为数可观的公民——而且在某些地方——不信任当期的政治过程会符合选民意愿的结果，无论是出于什么原因。"从起源上说，它与其说是精英主义的，不如说是民粹主义和立宪主义的。它在实际的或建议的改革中所采取的形式，是对征税权进行限制的宪法原则，而不是对经济立法的税率水平和税收结构安排进行变革。"为什么？布坎南认为，因为潜在纳税人在某种立宪选择的背景下，会从利维坦的角度理解政府，他会认为，任何一种特定税种实行最大税率，都将导致财政压力转向那些不受限制的税种。如果对已经限定的政府可征税种的一种税实行任何税率的限制，则肯定会减少政府可以征税的全部税种的总税额潜力。

同时，第 13 号提案的意义还在于，1979 年初，也就是在第 13 号提案通过的第二年，美国联邦征税委员会将一项同类型的修正案提交美国国会，而这份交给美国参议院审议的修正案草稿，要求把联邦政府开支的百分比增长率，限制在前一年国民生产总值的百分比增长率上，并进行即时的调整以处罚政府引起的通货膨胀。与此相反，凯恩斯主义者的目的恰恰是要废除财政宪法的这一部分内容。一句话，第 13 号提案就是要提醒人们，如果对美国政府的征税权力不加以宪法性的约束的话，美国政府将会恢复十分自然的倾向——几乎不间断地制造预算赤字。

3. 不同意见

然而，对第 13 号提案价值和意义的褒贬评价并不一致。有人认为这是"纳税人反叛"，直接的负效应是直到今天，人们对加州真正权力的归属究竟是谁还弄不清楚，认为在加州，"权力好像浮游在大气中"。在他们看来，由于加州政治不受民选议会的判断和控制，政治权力和责任关系无法清楚认定，这才导致了加州议会尊严的丧失，致使加州政府和议会在全美 50 个州中的公众评价最差。还有人认为，第 13 号税案的通过，加剧了加州人民的绝对民主意识，以致于太喜欢搞绝对的民主，以创制和复决立法，结果彻底取消了议会的正常功能。其实，出现这些负面评价很正常。因为，第13号税案最大限度地限制了州议会的征税权力，致使州议会在特殊情况下行使自己职能的权力也被束缚了。比如，由于州议会只有15%的财政支配权力，在不可预计的经济、社会问题出现时，州议会就很难有所作为。结果，自然导致一些公民反过来责怪议会和州长的无能。

而且，第13号提案在实现了将财产税收入的控制权自地方政府转移至州政府的同时，也使地方政府只能依靠销售税收和州财政补助来支付账单。它使地方政府由于无法从销售税收中获得经费，就冷落住房建筑和工业，更喜欢通过出售土地使用权去筹集经费，结果常常引发选择购物商城还是"大盒式"商店（如沃尔玛公司）的冲突与争议。第13号提案还导致地方政府间为争夺应税投资进行自拆台脚的竞争。这一点，美国城市规划者与作家比尔·富尔顿在《不情愿的大都会》一书中就描绘了南加州三个毗邻城市（奥克斯纳德、文图拉和卡马里奥）以政府补贴和税额优惠来吸引购物中心和汽车商城而展开的招商战。这一点，就是在第13号提案通过数年之后，奥克斯纳德的一位市管理委员会成员依然耿耿于怀，如此控诉第13号提案的负效应："这不是创立新商业，而是花3千万美金把3英里外的两家商店搬来。"他建议：加州政府应该帮助市政府避免损伤各方财政元气的招商大战，将部分财产税收返还地方政府以换取部分销售税。因为州政府更有能力适应该税的变动，并将 20 世纪 90 年代初为了使州预算在经济衰退时期保持平衡而转移上交的部分税收返还市和县。

如此看来，对于以扮演硬汉角色而成功的阿诺德·施瓦辛格来说，第 13 号提案无疑对他的强权者心理是一种无形的束缚。所以，他不希望别人更多地提起第 13 号提案。因为在施瓦辛格的内心，一直有一个他曾经扮演的强权者角色的心理期待。这最容易使人联想起施瓦辛格 1976 年在他拍摄的第一部动作片、自传式纪录片《铁金刚》中的台词，他说："我经常会梦见强权者、独裁者等等，那些流芳百世的人总会在我心中刻下深深印记。"

4. 启示

其实，理性告诉我们，显然不能将所有责任都推到第 13 号提案上。导致经济、社会问题出现的原因是多方面的，而且是不可预计的。因此，解决这些新出现的经济、社会问题，需要新的办法和思路。仅仅拥有 15% 的财政收入支配权不应成为州政府和议会拒绝承担经济、社会问题救治责任的理由，更不应将这些经济、社会问题没有及时解决的责任完全推到第 13 号提案身上。第 13 号提案固然在一定程度上限制了州议会在某些特殊情况下自主行动的权限，但它最大的功绩就在于为经济社会生活提供了一个基本的正常情况下平稳运行的制度平台，可以避免根本的社会冲突，有助于纳税人基本人权的保障。两利相权，自然应当择其大者。

可见，相对于第 13 号提案的主要功绩——实现了对加州政府征税权力的宪制制约而言，这些负面的效应是整体利益权衡后的理性选择，也是必要的代价。褒贬评价也许见仁见智，但第 13 号提案给我们启示和借鉴的价值与意义不容抹杀。

［原载拙著《税道苍黄：中国税收治理系统误差现场报告》（下）

陕西人民出版社，2009 年］

大革命何以因为税收引起

近来，托克维尔被冷落了多年的著作《旧制度与大革命》，突然在中国火了起来，一时洛阳纸贵，上海大学文学院历史系教授朱学勤曾对此书有过精彩的评论，他认为"税务官是比蒸汽机可怕千倍的革命家"。

税务官何以成为"比蒸汽机可怕千倍的革命家"，其实说的是税务官有时成为导致革命关键的因素。这是朱学勤先生一个归纳性的结论，他是通过对引发英国、美国、法国以及俄国革命原因的分析后得出上述判断的。确实，这四个国家的革命，除俄国革命是间接地因为第一次世界大战造成混乱，导致财税危机外，英、美、法三国的革命，确实全因"税"而起，都是因为王权要加税，而且未经民意机关同意，或者税务部门坚决执行恶劣税法所引起，结果无疑都引发了革命，让社会付出了血的代价，摧毁了历代辛辛苦苦，好不容易积累起来的物质与精神财富，进而中断了历史发展的自然进程。

事实上，革命的机器一旦开动，即将伤害的是谁，伤害到什么程度，是谁也无法预言、不可阻挡的。比如，被誉为现代"化学之父"的法国化学家安托万·劳伦特·拉瓦锡，就因为曾经当过包税官而被激进派送上了断头台。尽管他曾申辩说："我和政治毫无关系，当税官所获得的钱，我都用在了科学实验上。"但早已被革命之火烧昏了头的革命激进派，谁会听得进去他的申辩呢！拉瓦锡被砍头时，才刚刚 51 岁，成为科学史上的一大悲剧。正像法国科学家拉格朗日所感叹的："一瞬间就砍下了拉瓦锡的头颅，可是一百年也产生不出像他那样的头脑！"这就是为什么一切理性社会总是尽量避免大规模流血革命的原因所在。

其实，革命产生的根本原因是什么，为何税务部门及其税务官或将成为最危险的革命家？而且是比蒸汽机危险一千倍的革命家？

原因或在于，通过"税"人们可以看清一个社会文明的位阶。其中，税务机关及其税务官便是直接的中介与载体，是征纳矛盾与冲突可能爆发的焦点。而且，再恶劣的税法，如果税务机关及其税务官不执行的话，其对国民和纳税人的伤害仅仅是抽象的，唯有税务机关及其税务官的执法，才可能使得伤害成为现实。而司法的公正与否，又在执法之后，因此，虽然税收立法、执法、司法环节都可能引发征纳税人之间的冲突，但唯有在执法环节发生冲突的可能性最大。

一般说来，当国民、纳税人在为生存发愁的时候，或可忍受在自由、尊严等权利方面的丧失。然而，一旦他们在生存方面的问题得以缓解，权利、尊严等层面的需求就会逐渐苏醒，便就渴望给予及时的满足。问题在于，恰恰在这个时候，正是近现代大规模革命爆发概率最大的时机。对此，托克维尔在《旧制度与大革命》一书中就有精辟的论述，他说：革命的发生并非总是因为人们的处境越来越坏，最经常的情况是，一向毫无怨言仿佛若无其事地忍受着最难以忍受的法律的人民，一旦法律的压力减轻，他们就将它猛力抛弃。对于一个坏的政府来说，最危险的时刻通常就是它开始改革的时刻。而且，正如柏克所言，因为"人在权利上所受的伤害之深，与在钱袋上受到的伤害之大，是可以同样之深的。"

其实，岂止"英、法、美、俄"四国的革命，都直接或间接地因"税"而起，其他国家的革命与动荡，也都或直接或间接地与"税"有关。而中国几千年的王朝更迭，民变扩散，哪一次又不是因"税"而起，陷入历史性的"周期循环"呢?！恰恰是因为暴政苛政下的"恶税"，一次又一次将民众逼上了揭竿而起的绝路。毋庸讳言，每一个王朝的初年，明智的统治者大多鉴于前朝的教训，尚能有限地体恤民生。但是，随着前朝教训的日渐远去，此后的统治者基本上无不再次陷入前朝末代的循环怪圈之中，继续无度地与民争利，横征暴敛，陷民于水深火热之中。正如诗僧王梵志所言："向前十道税，背后铁锤锤"，自然，这些无道的王朝，最终都难逃被民众推翻的命运。而更多的境况则是，正如王安石所言，"赋敛中原困，干戈四海愁"，让整个国家一次次陷入崩溃的边缘。但循环的结果，对百姓而言，不过如张养浩在《山坡羊·潼关怀古》中感叹的："兴，百姓苦；亡，百姓苦"而已。

悲哀的是，一代又一代的税吏、税官，不是为虎作伥，就是助纣为虐，总是甘于乐于"平庸之恶"，主动成为一个又一个末世王朝暴政恶政的牺牲品。事实上，这些税吏、税官，在把自己塑造成最危险的革命者的同时，也成了历朝历代暴政恶政的牺牲品。明万历年间太学生钦叔阳在《税官谣》中对此就有真实的记载："四月水杀麦，五月水杀禾，茫茫阡陌弹为河，杀麦杀禾犹自可，更有税官来杀我。""千人奋挺起，万人夹道看，斩尔木，揭尔竿，随我来，杀税官。"或许，按通常的认识，这些税吏、税官何罪之有啊？！他们不过是王权的雇佣者而已。但在末世的魅影里，普泛的民众最关心的只是距离他们最近的伤害者是谁，在哪里！只是为了"安得岁丰输赋早，免教俗吏横催租"，过几天安稳日子而已。

从清末的民变来看，哪一次不是与"税"紧密相连呢？1909—1911年的广西群众抗捐抗税斗争，仅仅是清末因"税"而起的民变中非常普遍的一个案例。这次抗捐抗税斗争，很快发展成武装暴动的就有岑溪、怀远（今三江县）、南丹、永淳（今并入横县）、镇边（今那坡县）、宣化（今昌宁县）等数起，参加的百姓成千上万，其影响不仅波及了周边数县，其中岑溪、永淳的抗捐斗争，还影响到了广东的罗定、郁南、信宜等县。究其根源，莫不是因为"杂税日增，民心不安"。

由此足见"税"与革命关系之紧密程度。

殷鉴不远，税务官究竟会不会成为实际上的、最危险的革命者，至少历史的教训告诉我们，这是一个大概率事件，需要警醒，更需要未雨绸缪。

（原载 2013 年 5 月 7 日《深圳特区报》）

"一只湿手"的税收故事

从中世纪开始，德国就是以一大帮小王国的身份出现的。普鲁士真正的第一位统治者，原是勃兰登堡（Brandenburg）的弗雷德里克·威廉（Frederick William）亲王（1640—1688），因此他被称为德国伟大的创立者。

弗雷德里克大帝则是伟大创立者——弗雷德里克·威廉的曾孙，史称他是一位"真正仁慈的暴君"。当然，他的仁慈不包括犹太人。他曾经制定了特别详细苛刻的反犹太人法规，甚至禁止犹太人结婚。弗雷德里克还按照中世纪的征管习惯，向犹太人开征集体税，实际执行中，可以直至没收一些犹太人的财产。

弗雷德里克显然是幸运的，他一继位就拥有了"足够的财富"，而这些财富都是他的祖先们靠长期的节俭积累起来的。可以说，弗雷德里克大帝为了一个仁慈的美誉，一方面用减税赢得臣民的赞誉，另一方面增加政府开支，希望通过一系列耗资巨大的工程来提高德国国民的生活水平。问题是，"高开支的政府需要重税来支持，或早或晚，或者这种方式，或者那种方式"。可想而知，弗雷德里克仁慈的热情难以为继，最终只能事与愿违，背信于民。

　　而且，当他在进行一场军事战争，不幸被敌人占领了国库之际，其"仁慈的热情"，便只能变为廉价的抹布，必须服从帝国生存第一的铁律。在现实的绝望与无奈中，弗雷德里克为了缓解财政拮据的尴尬，他不得不发行皮革货币，幻想着以此来弥补空虚的国库。因此，不是病急乱投医，就是情绪失控，苛责大臣。

　　为了渡过财政难关，克服财政危机，弗雷德里克大帝便亲自过问财政收入情况。有一次在内阁会议上，他就质问财政大臣，为什么臣民交了那么多的税，国库还是如此空虚，财政收入还是捉襟见肘，还是不能满足帝国日常运转的需要？臣民交的钱究竟都交到哪里去了？为了直观明白地回答弗雷德里克大帝的质问，财政大臣便让侍者送来一块冰，然后把这块冰送到离弗雷德里克大帝最远的大臣手里，再请大臣们一个接一个地把这块冰传递到国王手中。结果显然是，当这块冰从大臣们的手中一个接一个地传递到弗雷德里克大帝手中之时，就只能剩下"一只湿手"了。

　　睿智的财政大臣之所以如此大费周折地回答弗雷德里克大帝的财税之问，从本质而言，不过是想委婉地告诉国王，尽管臣民交的税不少，征税机关收的税不少，但如果税权和财权监督不到位的话，这些税收不是被官僚机构及其利益相关者贪污掉了，就是被官僚机构及其利益相关者浪费掉，消耗掉。

有意思的是，沈从文先生在他的作品中，也对这种征税权缺乏监督制衡的现象做了大量描述："一作了委员，捞钱的方法很简便。若系查捐，无固定数目派捐，则收入以多报少。""这笔钱从保甲过手时，保甲扣下一点，从乡长过手时，乡长又扣下一点点，其余便到了委员手中，通过层层盘剥，真正交到上面的就所剩无几。"这显然说的是税收征管权力监督问题。征管权力监督失效，无疑也是一只巨大的"消冰的手"。

（原载 2014 年 4 月 1 日《深圳特区报》）

"一篮无花果"导致的税收起义

税收从来都是政府与国民利益冲突的焦点。而且，一旦政府的征税不合大多数纳税者的意愿，特别是如果政府的征税触及了纳税者的生存底线或者心理承受限度之时，往往一件看似很小的冲突与矛盾，都可酿成一场大规模的民变或者税收起义。

毋庸讳言，这样的事例在中外税收史上不胜枚举。

在西班牙历史上发生过的那不勒斯起义，就是因为一位征税官蔑视一个水果摊贩的"一篮子无花果"的粗暴行为所致。无疑，水果摊贩是持有政府合法营业执照的，不是非法占道经营。

此后的情形，中外大致相似。一旦暴力起义的导火索被点燃，爆炸是注定的，差异或者仅仅在于破坏性的大小，或者破坏性延续时间的长短。

"一篮子无花果"的价值固然不大，值不了多少钱，但它在特定的时空里，往往承载着相当规模纳税者早已掩埋内心的抱怨与仇恨情绪。既然被点燃了，便不会轻易放弃尽情宣泄的机会。于是，"暴民"便由少到多，时时刻刻成倍地膨胀和蔓延。而且，也在非理性的集聚中寻找和推举它的领袖人物。"时势造英雄"，在那不勒斯的税收起义中，一位平时卖鱼的商贩很快便成为起义的领导，并在很短的时间内把起义者有效地组织起来，形成了一股充满"抗暴"精神的队伍，而且"击溃了西班牙步兵团"。与此同时，起义者也因为自己的非理性所驱使，"烧毁了征税官的房子"。万般无奈之下，总督只能挂起免战牌，以同意取消新开征的消费税作为妥协条件，化解了这场税收起义。

结果是，善良的纳税者见好就收，作鸟兽散了。问题在于，从其诞生第一天起就把税收当作"命根子"的政府来说，收税，而且尽量地多收税，是其贪婪本性的逻辑必然，一旦有机会，其这一自私性就会露出马脚。这不，一年以后，伴随着西班牙海军舰队的到来，食物消费税还是在政府的武力开导下强行开征了，纳税者只有接受周期性的宿命。

重新解读"一篮无花果"的税收故事，现实启示或在于，一旦一个税制出现了系统性误差，背离了税制创建者的初衷，不能增进全社会和每个国民的福祉总量，已经沦落为少数人牟利的工具，持续性的暴动或成为一种大概率事件。而且，大多数冲突，都发生在具体的征纳税活动细节之中。甚至可以说，最微不足道的一件事，一个情绪性的口角，一次微不足道的交易，都会酿成大面积的民变和起义，破坏现有社会的生存与生活秩序，引发大面积的暴力冲突以及流血事件。

"一篮无花果"的交易显然很小，所应缴纳的税款可以忽略，但是，当它成为纳税者对现行不公、野蛮税制或征税方式表达不满的理由之时，其能量就不可低估。直言之，税收起义不过是纳税者对现实税制不公无法忍受时的一种极端表现方式而已。平日里，大量的无声反抗和抵制，最常见的是逃税。从古到今，逃税是纳税者最普遍的抗税形式。

"一篮无花果"导致了西班牙那不勒斯的税收起义，背后折射的正是西班牙税制内在的系统性的非人与不公。对大多数西班牙纳税者来说，逃税是他们成本相对较低的选择。难怪美国税史学者亚当斯在研究西班牙这一时期的税制后认为："西班牙商人参与了最系统性的欺诈和逃税行为，但是在历史上却并不为人所知。逃税所导致的税收收入损失已经无法计算，但是这一数额至少是政府已经征税数额的十倍。地下逃税涉及了几乎所有的征税官员和纳税人。"

一言以蔽之，"一篮无花果"导致的税收起义，看似是一个偶然事件，其实背后是有其必然原因的。这就是，这种税制一定存在系统性的风险，背离了税制的终极目的，无助于增进全社会和每个国民的福祉总量。

（原载 2014 年 5 月 27 日《爱思想》）

罗塞塔石碑的税收警示

　　作为埃及文明的重要象征，以及所有时代埃及考古学最重要发现的罗塞塔石碑，至今依然流落在伦敦大英博物馆的埃及厅。它是一座高约 114.4 厘米、宽 72.3 厘米、厚 27.9 厘米，略呈长方形但缺了许多边角的黑色平面石碑，重约 762 公斤，表面上刻有涂上白漆的文字。一向寂寞如初的石碑，虽然早已褪去了昔日的繁华与荣耀，但如今仍然日日向一批又一批的参观者诉说古埃及的历历往事。其中，也包含血色的税收故事与悲伤。

　　罗塞塔石碑镌刻于公元前 200 年，时在伊比法尼的托勒密五世统治时期，直到 1400 年之后才出土。1799 年 7 月 15 日，随着拿破仑占领埃及（1798—1801 年），法军上尉皮耶 - 佛罕索瓦·札维耶·布夏贺在尼罗河三角洲上一个称为罗塞塔的港口城镇郊外发现了它。在 1801 年拿破仑大军被英军打败投降撤退时，并未依约缴出石碑，而是将它藏在一艘小船上准备偷渡回法国，但途中被英军捕获。事后经双方协商，法方保留了之前的研究成果与石碑拓印，英方则获得了石碑的实际拥有权。这就是如今伦敦大英博物馆罗塞塔石碑的来历。

罗塞塔石碑上的碑文由三种文字写成：顶部是象形文字、中部是古埃及通俗文字、底部则是希腊文。而碑文上记载的关键信息是——少年国王托勒密五世对当时大规模税收起义做出的堪称税收治理经典的反应。

穿越历史，回到托勒密五世时的埃及，那时的埃及，早已被内战折磨得几近崩溃。因此，当埃及士兵在东方取得军事胜利回国之际，发起救民于倒悬的起义就成为他们的共识。因为凯旋的士兵们认为：埃及已经被沉重的税收负担压垮了，要恢复少年国王托勒密五世时期的秩序与辉煌，必须进行起义和革命。因为托勒密五世时曾经发布过一个十分重要的《和平宣言》，化解了一次大规模的税收危机。其中最重要的条款就是——普遍性地减免税收，降低国民的税收负担，减轻国民的税痛。具体条款有：从监狱释放欠缴税款的人以及因拒绝缴税而造反的人；免除国民的纳税义务；邀请逃亡者回国并归还被没收的财产；免除神庙及其农作物和葡萄园的纳税义务等等。这个宣言无疑具有重大的历史价值和意义，被后世誉为"给饱受战乱的民族带来和平的勇敢举措"。当然，"这也是政府对于造反者和僧侣的部分妥协"。

毋庸讳言，罗塞塔石碑的树立，直接得益于僧侣，僧侣是罗塞塔石碑诞生的直接动因。简而言之，因为僧侣是《和平宣言》的最大受益者。对他们而言，"是一条致富之路"。而且，自从埃及在公元前700年左右被亚述人占领，后被波斯人奴役，最后被希腊人征服以来，神庙一直丧失了它们的免税特权。而《宣言》似乎给了他们"一个光明和繁荣的前景"。但如果要具体落实这些权利，仍然存在一个不可逾越的障碍，那就是——如何防范国王征税官很可能的违法乱纪及其横征暴敛。这就需要一个物化得能看得见的永久的物件，以便时时提醒和警示国王的征税机关及其征税官，告诉他们："神庙圣地，闲人免进！"，以期警示和防止有野心的征税官踏进神庙。

问题或在于，托勒密五世是出于无限的仁爱而主动减免国民税收的吗？对此，当代税法学家理查德·查尔斯告诫我们："统治者是不会出于善良而减轻税收负担的。权宜之计和贪婪造就了高税负，通常，需要一个迫在眉睫的巨大灾难才能减轻高税负。"如此观之，罗塞塔石碑记录的《和平宣言》，一定是因为一个极端"不和平"的现实财税危机所迫。比如，欠税可能已经累积到无法追回或者令国民无法忍受的程度，或者劳动力已经大量流失，无人种田，无人劳动，致使田园荒芜，商业凋敝，经济衰退。又比如公共设施已经毁损到无法满足最低水平的公共生活的地步，比如大坝严重失修，洪水泛滥几乎威胁到整个国家。还有，大量从监狱释放囚犯，也可能是因为监狱早已人满为患。或者，国民大面积逃亡是为了逃避因为拒绝纳税而受到的惩罚，等等。这一切乱象的存在，无不意味着国家统治的全面危机。因此，在万般无奈的境遇下，统治者才不得不选择了这一几乎"孤注一掷"的下策，寄希望于因此而结束沉重税负所导致的经济社会之系统性混乱。

简而言之，罗塞塔石碑的税收警示在于：

首先，沉重的税收负担会扼杀整个社会创获财富的原初动力，并直接扭曲经济、社会生活，进而摧毁公共生活的基础，打乱共同生活的秩序。

其次，面对大规模的税收风险和危机，统治者应该学会妥协和协商，特别是"当愤怒的纳税人发出强烈的抗议时，政府应当发出抚慰宣言"。而且，政府及时使用税收豁免，应是制止国内骚乱的一种经常性药方，特别是在遏制因为税收而致乱的大规模税收冲突事件时，应是最先考虑的应对策略。

同时也告诫我们，不受约束和监督的征税权，是一切腐败和危机的总根源。事实上，罗塞塔石碑正是僧侣们为了遏制征税权的滥用，保护他们的税收权利而建立的。因为，正如伟大的俄罗斯学者罗斯托夫采夫经过一生研究得出的结论所言：正是"埃及征税官员持续和有增无减的横征暴敛导致了全国性的衰退"。当然，也因此才有了不得不应对最危险的"不和平"危机的《和平宣言》。

（原载 2013 年 11 月 5 日《深圳特区报》）

计较二十先令的税款值不值

作为英国的君主查理一世，其在位时和其他君主一样，独掌国家最高权力。但是，在查理执政期间，他也不是事事随心。有一个叫作约翰·汉普登（1594—1643）的贵族，国会的下议员，也就是克伦威尔的表哥，一直让他异常闹心，而原因一直是因为税。最后一次，则仅仅为了区区20先令的税款（相当于人民币10元左右），他甚至不惜坐牢去抵制。

原来，在1635年的时候，查理一世发布了一项船税征收令，每年要征20万英镑，而且范围要从沿海各郡一直扩大到内陆各郡。历史上，船税的征收不仅是限额的，而且是专款专用的。而这项法令意味着，国王可以任意确定征税的多少，用途也由国王一个人说了算。

对此，作为下议员的汉普登，当然不会熟视无睹。在他看来，这既是议员的职责所在，更是关乎税收公正精神之基础。因此，征收令一出，他就组织民众抵制，拒绝缴纳这20先令的税款。结果，事情闹到演变成了一场严重的政治危机。

为了平息这次风潮，查理一世不惜搬出国家安全的理由，但却无法明着收拾汉普登，只能悄悄地下黑手。结果，还是弄得路人皆知，成了轰动一时的公共事件。最后的收场，则是以高等民事法庭的 12 名法官以 2 票多数判汉普登有罪，缴纳罚金而告结束。而汉普登因此却成了英格兰人争相效仿的英雄，英国民众也因此接受了一次权利意识的启蒙。1640 年 11 月召开新国会时，汉普登也因此又作为白金汉郡的代表出席。

有意思的是，此前的 1627 年，汉普登就曾经因为抵制查理一世的"强制性借款"被关过一年多的监狱。人们不解的是，难道汉普登就不知道避祸趋乐吗？怎么就这么想不开，非要和国王过不去，而且是为这区区的 20 先令冒着坐牢的风险呢？难道这船税就不该征收吗？

问题在于，这不仅仅是区区 20 先令税款的问题，它关系着国民的税收基本权利。如果乖乖交了这 20 先令，就等于承认了国王可以无视议会的存在，可以有随意征税的权力。因此，这个"口子"一开，后患必然无穷。而且，"未经纳税人同意不得征税"和"未经议会同意不得纳税"，这可是英国自 1215 年《大宪章》确定的征税基本原则。如果在这个原则问题上妥协了，就会摧毁每个纳税人权利保障的制度基础。

事实上，汉普登坚持的，本来就不是此税"该不该"征的问题，而是应该以什么原则和程序来征的问题。它计较的价值和意义就在于，这首先是一个是不是把国民当人看的原则问题，是一个关乎国民人格尊严的问题。汉普登计较和忧虑的，是 20 先令背后的基本权利与自由，是税权得寸进尺的恶性。对此，他的代理人说得十分明白："如果对国家的威胁确实是被感受到了的话，如果国王因国家确实处于危殆状态，迫切需要装备船舶的话，事情也必须由国会进行讨论；如果唯有国王可以决定国家是否感受到威胁，那么，他未经国会同意而擅自征税，人们的自由和财产就将遭殃罹难。"并因此推论说："如果陛下……可以未经议会批准就向被告征收 ×× 先令……那么基于同样的法律逻辑，这一税额又有什么理由不可能是 ×× 英镑呢，甚至于无穷大呢？"

毋庸讳言，这在一些人看来，汉普登似乎太"轴""榆木脑袋"，认为不值得、十分愚蠢。但是，如果一个社会缺少了像汉普登这样的"笨人"，这个社会的共同基础会由谁来捍卫？

（原载 2012 年 7 月 3 日《深圳特区报》）

那条税收"传言"的是与非

　　谣言的力量究竟有多大，恐怕对美国的第一任财政部长亚历山大·汉密尔顿来说，体会最深。

　　1789 年 9 月 11 日，作为美国开国元勋与宪法的起草人之一，财经专家——汉密尔顿，正式被华盛顿总统任命为美国首任财政部长，社会各界也都认为这是众望所归。而且这一任命，曾被誉为"在适当的地点，在适当的时候，任命了一个适当的人"。而刚刚上任不久的汉密尔顿，也是踌躇满志，意欲连烧"三把大火"，一展自己的才华与雄心。作为亚当·斯密的忠实追随者，汉密尔顿一上任就遵循《国富论》的精神导引，极力说服国会对威士忌酒开征消费税，目的在于尽快改善关税收入少的窘迫境况，以便支付各州所欠的战争债务。而且在汉密尔顿看来，威士忌酒税属于奢侈税，开征既利国，也利民。事实上，当时美国的威士忌酒消费量确实很大，作为税源不会有多大问题。同时，战前也积累了一些威士忌酒税的征管经验。

　　现实的复杂性在于，正当汉密尔顿陶醉于国会通过威士忌酒税开征之际，一则关于威士忌酒税是消费税的谣言，却正迅速地在西部民众之间传播和蔓延，并说政府还要对食物和衣服征税，同时还拟引入令人憎恶的欧洲消费税。问题或在于，当时美国民众对消费税根深蒂固的偏见及其抵触情绪，恰恰为这一谣言的传播提供了合适的心理支持。而且，很多人相信，汉密尔顿征收的威士忌酒税——消费税——"是对革命的背叛"。结果，在这一"谣言"的鼓动下，威士忌酒税的征收很快陷入了困境。到了1792年，边境地区就有了和平抗议，而到了1794年的时候，西部边境地区就已处于"公开的骚乱之中"。而负责征收威士忌酒税的征税官则受到"涂上柏油、沾满羽毛"的羞辱，还被人烧毁了他们的住房。

与此同时，为了坚决落实这一税收举措，联邦政府还组建了国内收入署，并建立了威士忌酒消费税的征管激励制度，即14个地区的税收主管，可从其所征税款中提成1%，而每个税务官员则可从其所征税款中提成4%，只把剩下的95%交给国库。如前所述，从1792年开始，边境地区便到处可见情绪激动的民众在演讲、集会和请愿。最后，辩论已经发展成为要退出联邦。而协助征收威士忌酒税的县行政司法长官也"被逮捕、剥光衣服、剃光头发、涂上柏油、沾满羽毛"。而到了1794年，国内秩序已趋于崩溃，西部宾夕法尼亚州早已处于起义之中。结果，汉密尔顿不得不说服国会授权华盛顿总统，从邻近的4个州组织民兵进行武力干预。"幸运的是，军事冲突避免了；起义者投降，并接受联邦政府对他们的大赦。没有一位起义者被送进监狱。"就其结果而言,起义者确实也得到了好处,杰斐逊也废除了全部的消费税法,或许还应该感谢这则税收"谣言"的功德。但威士忌酒税开征留给人们的税收教训显然不可无视。

其实,如果把"谣言"等同于"说谎",正如"说谎"有时也是道德的必要的一样,在特定条件下,"谣言"的制造与传播也是有道德根据的,其结果很可能是"利大于弊"。关键在于:谁来界定是不是"谣言"?或许官方认定的"谣言",在民众看来,恰恰是"真言"。威士忌酒税的"谣言"无疑就是最好的佐证。汉密尔顿和联邦政府的失误就在于——仅仅看到了威士忌酒作为税源的价值,却没有看到真正的税负,完全是由西部地区的农场主承担的,这一税收会严重打击西部的农场主,伤害他们的利益。直言之,威士忌酒税是一个专门掠夺西部农场主的"恶税"。难怪有位温和的威士忌酒起义者也说:"支持这一税收的一句话就足以毁灭任何人。"

毋庸讳言,当社会不公现象大面积出现之时,也就是为各种"谣言"(在执政者看来)传播提供合适土壤之际。"谣言"的对词或是"真言",可能代表着一种普遍的社会渴求与权利呼吁,如果无视或任其自然蔓延,势必酿成大面积的冲突与风险。威士忌酒税的"前车之鉴"就在这里,不能不记取。"谣言"的背后,或是一种文明的潮流,或是一种野蛮的洪流，至于"谣言"的是与非，也许并不重要。

（原载 2013 年 10 月 19 日《华商报》）

苏格兰"闹独"税收成"分手"理由

9月18日，苏格兰将举行全民公决。这意味着，如果半数以上的选民支持独立，苏格兰就会脱离英国，成为一个主权国家。

吸引世界眼球的是：一方面，支持独立者正在不遗余力地宣传独立的好处，竟然写了600页的分手宣言《苏格兰的未来：独立苏格兰指南》，认为英格兰已经配不上他们了。另一方面，以首相卡梅伦为首的统一派，也在拼尽最后的力气挽留。卡梅伦的喊话相信是发自肺腑的：我不会一直执政下去……请不要把这个家庭拆散！

事情闹到这个份上，在英国现有制度框架下，恐怕双方只能把赌注押在最终的选票对决与血拼上了！问题在于，苏格兰独立派为何如此决绝？如此义无反顾？泛泛而言，或有千千万万的原因，既有现实的，也有历史的，既有政治、经济的，也有法律、道德、习惯的。

然而，从根本说来，或是因为自由对公正的冲击，或是因为强制对自由的侵害。至少在苏格兰独立派看来，英国的强制限制了他们的自由，侵害了他们的利益，已经陷他们于不公正的境地。因此,独立是为了捍卫苏格兰人的自由与公正。

独立派告诉苏格兰人的是,尽管他们只有531万人口,约占英国总人口的8.34%,但却占全国经济总量的9.2%。如果以人均GDP来计算,他们在全球排名前20。而在过去的33年中,他们人均每年缴纳的税款,比英国其他地区要高。而且,他们总共还为英国的负债利息贡献了640亿英镑。更为不公的是,他们的北海油田价值有1万多亿英镑,但长期以来的税收收入大多进了英国政府的口袋。仅2013年,北海油气就为英国政府贡献了47亿英镑的收入。而一旦苏格兰独立,90%的北海油田控制权就会回归。同时在独立派看来,苏格兰是除伦敦之外最受欢迎的外商投资地,吸引了11%的外商直接投资。同时拥有全欧洲25%的潮汐能和风能资源。凡此等等都说明,一旦苏格兰独立,肥水就不会流入英国政府的他人之"田",而且,还可通过大幅削减开支,比如三叉戟的核武器开发等资金,减轻苏格兰人的税收负担,从而过上更加富足的生活。因此,至少目前在独立派看来,"分"比"合"好,利大于弊。

可见,独立派的本质诉求在于:"合"则对苏格兰人不公,主要体现在税收负担重,但福利待遇不成比例,不公正不平等;"分"则苏格兰人可以自己掌握自己的命运,有机会消减税收不公,使自己的付出与回报成比例。

其实,世界历史上因为税收不公闹分裂、闹独立的国家,苏格兰至少不是第一个。美国的南北战争，也是因为南方认为税收不公引发。当时南方最有名的代言人约翰·卡尔霍恩关于税收的抱怨，就可作为南北战争"税收起因"的佐证。在他看来，在南北双方三十多年来的斗争中，北方的制造业和商业利益集团，总是通过国会的税收来压迫南方的种植园主，结果使得南北方的税负轻重不一，"税痛"大小不等，贫富差距越来越大。因此，他才为南方四处奔走呼号："北方已经采纳了一种税收和支出制度，其中，给南方施加了不合理的税收负担，同时，不合理的支出比例使得北方受益。……南方作为这个联邦中被残酷剥削的部分在事实上缴纳了超过其应当负担比例的税收。"而另一位历史学家也说："在整个南方都憎恨关税，把它当成一个破坏他们经济的不公平税收看待。"

具体说，南方的税收抱怨在于，当时联邦征收的进口税法就是针对他们的，就是对他们的公开掠夺。高额进口税不仅直接伤害了他们的利益，使他们为北方的商品支付了高额的价款。而且，联邦征收他们的税收，但却用在了北方，为北方提供公共服务。事实上，这种税收抱怨，早在1832年就已经发生过，而且还引发了反对高进口税的第一次起义。所幸的是，在随后的几年中，公共理性主导了南北方的舆论，关税（进口税）降到了南卡罗莱纳州能够接受的程度，并未酿成大规模的混乱和战争，因此也被史学界称为"1833年伟大的妥协"。但到了 1860 年，这种共识与理性却不复存在，独立舆论占了主导，认为"脱离联邦是解决这些冲突的最好方式"，"是走向繁荣富强的唯一选择"。

或许这就是苏格兰"闹独"给世界各国的最大启示与警示。财税问题如果不处理好，轻则会遭遇社会治理的小危机与小风险，重则便会危及国家的统一与分裂。

（原载 2014 年 9 月 18 日《华商报》）

"特朗普税改法案"之美国社会效应

"减税计划"作为特朗普的重要施政内容之一，其直接目的显然是为了解决美国社会目前存在和面临的重要问题，诸如经济不景气、发展动力不足、税收体系复杂、促使制造业倒置、工作机会流失等。至于"减税计划"能否不折不扣地获得国会和参众两院的认可，或有条件通过，这无疑是另外一个问题，但无论如何，"减税计划"都将对美国社会产生或积极或消极的影响。至于总体而言是利大于弊，还是弊大于利，则须做具体理性的分析。

其次，从特朗普"减税计划"的六项主要内容看，即从"企业所得税从35%下调为15%；个人所得税从7档下调为4档：0、10%、25%、35%；废除备选最低税额（AMT）制度；为海外留存的数万亿美金征收一次性税收（10%的税）；废除遗产税；取消主要由富人收益的定向税惠措施。"来看，"减税计划"具有"普惠"的特点，有助于所有纳税者共同需求的满足，进一步夯实美国税制的基础。

唯一值得商榷和观察的或是"减税计划"中"废除遗产税"的主张，以及对环境保护税问题的悬置。因为"废除遗产税"的主张有悖代际公正，或将加剧代际之间的贫富差距，继续扩大现实社会的贫富差距。同样，"减税计划"对环境保护税改革的悬置，有刻意逃避环境保护责任之嫌，而新近特朗普宣布美国退出《巴黎协定》更是明证。

最后，"减税计划"需要经过美国国会和参众两院的通过，以及社会各界的审视与置疑。因此，如果国会和参众两院认为"减税计划"背离了美国核心价值观，背离了"未经同意不得征税"和"用税"的自由原则，且背离了公正平等原则，自然会否决，至少会修改后有条件地通过。但由于"减税计划"的价值导向系统，其施行过程将成为美国进一步奉行市场经济精神，完备市场经济体制，完善公共经济体制的创新与探索之举。逻辑上，哪怕是"减税计划"在技术要素层面存在一些缺陷与瑕疵，也可能被作为一种"必要的代价"而被包容。

至于"减税计划"的实施将导致美国社会刚性公共产品供给资金减少的问题，或只是一个时间差的如何措置和应对的技术性问题。但基于企业经营者职业背景组建的特朗普团队，显然不会不考虑这些重大利益问题的权衡与取舍。至少我们不应忽视目前美国没有冷战时期那样过于增大军费预算的压力。而且，如果特朗普奉行美国优先政策，不干预甚至不参与国际事务的话，在美国以外的财政支出或将大幅下降，也会帮助特朗普度过"难熬的日子"。

如果要说特朗普"减税计划"存在哪些潜在的较大危机的话，或应从美国"总统制"的先天性缺陷中去寻找。因为总统制是一种分权过度的民主政府制度，如果在议会中反对党占多数，财政、税收与预算立法完全可能因此而在个别问题上陷于僵局，难以成为一个统一体。比如，总统如果执行错误的财政、税收和预算政策，包括"减税计划"的话，选民与议会又不可能在其任期届满之前通过使他（她）下台而阻止和制约其行为，便会导致美国财政、税收、预算管理运行效率的低下，"减税计划"流产。而且，由于总统的权力比较大，包括财权、税权和预算权比较大，也易形成独裁统治倾向。从特朗普执政以来的价值取向、性格特征及其行事风格看，确实应该对此倍加警惕。同时，由于议员不能兼任财政、税务、预算行政职务，便会因为缺乏相关实际工作的经验而使其监察或批评流于空谈。从本质而言，"减税计划"完全可能因为"总统制"的先天性缺陷而陷入僵局，流于空谈，或者导致特朗普的财政独裁。现实是，特朗普"减税计划"要顺利通过还将面临三大潜在障碍：对于国会一些成员而言，特朗普税制的代价可能难以承受；它将需要参议院52位共和党人达成近乎一致的意见；税务改革很复杂，即使在一个团结的共和党政府下，它也可能因为太复杂，而无法在数月之内得到解决。与此同时，由共和党控制的一些州，如堪萨斯州、印第安纳州等，均面临着严峻的财政难题，并不倾向于支持特朗普的减税政策。这些因素的存在，完全有可能让"减税计划"大打折扣。

其实，尽管本文认为"减税计划"有助于美国物质财富和精神财富活动的繁荣与进步，长远看，也有助于增进美国社会创获财富（物质与精神）活动的活力与创造精神，进而通过高性价比公共产品的供给，缓解贫富悬殊问题，有助于美国社会完全不创造财富活动（人际关系）的和谐。而且对美国社会直接不创造财富的管理活动，诸如政治与法、德治与道德，也具有一定的积极意义，从而通过此一层面公共产品性价的提高与供给，但也不能不提防"减税计划"因为"总统制"先天性缺陷而隐含的潜在危机与风险，以及其他不利因素的存在。

就特朗普"减税计划"的具体效应而言，一是"减税计划"将有利于美国社会创造物质和精神财富活动的。如果"减税计划"如期实施，美国物质和精神财富创获企业可支配资金与经营自由的增多，便有助美国企业进行再投资和消费，有力量和底气"走出去"，拉动美国宏观经济"三驾马车"继续前进，激活社会生产、交换、分配和消费等经济活动形式，最终会因为总体经济的发展，带动税源、税基的扩大。但"减税计划"的实施也将面临不少内外部因素的掣肘和阻滞，比如将面临 G20 等国际经济政策协调框架下的《税基侵蚀和利润转移（BEPS）行动计划》等反国际税收恶性竞争规定的制衡，等等。

二是"减税计划"对完全不创造财富活动的正负效应复杂，也需要做客观评价与长期观察。目前对"减税计划"最大的质疑在于，减税有可能加剧美国社会的贫富差距，引发新的人际冲突与矛盾。但这些质疑，或是只见树木，不见森林，是以偏概全。因为面对纷繁复杂的现实社会利益群体，冲突与矛盾肯定无法避免，"减税计划"也不可能面面俱到。

（原载 2017 年《公共治理通讯》）

第二辑

华夏税殇

税眼再读《过秦论》

少时读贾谊的《过秦论》，懵懵懂懂，更多被其古韵与节奏吸引。几十载春秋世事人情之后再读《过秦论》，却是别有一番感悟在心头。特别是当笔者从赋税角度再读时，更觉贾谊的睿智与深刻，以及认知上的盲点与缺憾。

秦不过二世，在贾谊看来，就是因为"废先王之道，焚百家之言，以愚黔首；隳名城，杀豪杰，收天下之兵，聚之咸阳，销锋镝，铸以为金人十二，以弱天下之民"。一言以蔽之，就是因为"以六合为家，崤函为宫"。就是说，秦二世而亡，根本在于秦王朝继续和加强了大禹创建的"家天下"专制制度。用今天的话说，就是因为秦王朝把国家治理的最高权力集于一家一姓，剥夺了全国人民的基本权利，以全国人民为其一家一姓的奴隶，因此，秦王朝建立的制度是一种绝对的非人道、不公正的专制制度，"溥天之下，莫非王土；率土之滨，莫非王臣"。在这种制度下，一定是"天下之事无大小，皆决于上。丞相诸大臣皆受成事，倚办于上"。事实上，秦始皇权力无限，不论臣民黔首，其生杀之权皆被独掌。而这种极端的专制思想，在李斯那里表述得最为明白："名主圣王之所以能久处尊位，长执重势，而独擅天下之利者，非有异道也，能独断而审督责，必深罚，故天下不敢犯也。"

由此可见，苛政之暴虐非人及其荒淫无耻，本是其制度的先天性基因使然，中外古今，概莫能外。因此，在赋税征收中的与民争利，横征暴敛，也是其统治的自然逻辑。而一旦百姓忍无可忍，在不同的"死"之选项之间重新做出抉择与赌博，新一轮血腥的改朝换代绞杀便会再次启动，直至旧王朝的覆灭，新王朝的建立。

秦王朝横征暴敛的结果众所周知，二世而亡。以赋税衡量之，秦王朝从其通过暴虐手段统一奴役六国及其百姓开始，就已开启了其速亡的命运之钮。据《汉书·食货志》称："（秦）田租口赋，盐铁之利，二十倍于古。"又据《七国考·秦食货》引《咸阳大事记》曰："秦赋户口，百姓贺死而吊生。故秦谣曰：'渭水不洗口赋起。'"事实上，据《汉书·刑法志》记载，在秦统一后的十几年间，无限度地动用民力，横征暴敛，既建骊山墓，又修长城，还要百姓承担戍五岭等劳役，其结果，致使全国百姓"丁男披甲，丁女转输"，"男子力耕不足粮饷，女子纺织不足衣服"，"贫民常衣牛马之衣，而食犬彘之食"。而且，因其法格外严酷，一人犯法，亲戚、邻居便会连坐；稍有不满，便会血腥镇压。因此，终将民怨载道，民心丧失，短命而亡。其实，据南朝梁时文学家任昉在《述异记》中记载，早在始皇二十六年的时候，就已经出现了"阿房阿房，亡始皇"这样的童谣。坦率地说，这是秦王朝及一切专制王朝衰亡的必然宿命。

用贾谊的话说，秦王朝二世而亡，关键因为它"仁义不施"，也就是它建立了缺乏仁义的专制制度。因为"以六合为家，崤函为宫"的王朝，一定是"仁义不施"的王朝。仁义者，人道公正而已。如果一种制度及其赋税制度缺乏仁义，不把人当人看，不行人当行之道，不尊重百姓的权利，同时又缺乏基本的公正与平等，这样的制度一定是恶劣落后的，注定难以增进每个国民的福祉，获得百姓的广泛认同和支持。自然，从它建立之日起，也就开启了它速朽的程序，而且不可终止和逆转。对此道理，最近由曾国祥等主编的《赋税与国运兴衰》一书已明确指出："秦代税法严密，可君主专制中央集权制度决定其法律的生成模式，也就是立法方式必然是逆宪制的、专制主义的。"逆宪制的赋税制，就是"仁义不施"的，就是不人道、不自由、缺少公正平等的，就是严重阻碍社会进步与发展的赋税制。

遗憾的是，贾谊之"仁义"，不过是儒家之"仁义"，尚未逃出儒家以民为"资本"，主张"王道"专制，反对"霸道"专制的理论窠臼。就赋税而言，贾谊等儒士，仅仅反对王朝赋税之多少，计较百姓赋税之轻重，没有从赋税之性质——谁应该主导赋税制的角度去反思。

（原载 2013 年 6 月 25 日《深圳特区报》）

西夏王朝兴衰的捐税根由

　　曾经两次走进宁夏，在萧瑟的寒风中，追溯过西夏王陵昔日的盛况与奢华，感受一个王朝兴衰演绎的轨迹与脉动，企图借助赋税的工具，探寻西夏王朝兴衰的捐税根由。不可否认，西夏王朝也曾有过自我履新的捐税变法冲动，但最终还是无法逃避一切专制者必然灭亡的宿命。事实上，西夏王朝由兴而衰的过程，几乎与其捐税非人的政治统治方式，有着完全合拍的节奏与呼应。

　　西夏捐税制的产生与发展，与其政治、经济、文化体制紧密相连。和当时的中原王朝一样，西夏实行的也是专制皇权制，皇帝拥有统治的全部权力，而且同样不受任何外部力量与制度限制。其捐税制创建的终极目的，也绝不是为了老百姓的利益，只能是为了西夏皇帝一家一姓的私利。因此，皇帝不容置疑地独掌着国家捐税课征与支出的最高权力，几乎不受任何外在的实质性的监督与制约。

　　具体而言，西夏专制捐税制的基本特征如下：

　　第一，西夏专制捐税制是一种极端不公正的捐税制。在西夏，皇帝虽然拥有一切课税与支出的权力与权利，但却可以不承担相应的义务；对广大老百姓而言，则被剥夺了一切课税与支出的权力与权利，只有捐税的义务。因此，整个西夏社会从其创建之日起，就已经陷入了一种极不公正的贫富分化状态之中，时刻酝酿着新一轮的社会危机与冲突。史载，其时西夏"国多世禄之家，悉以奢侈相高"。又比如，与邻近的宋朝比，赋役就相当繁重。据《宋史·党项传》记载，宋太平兴国七年（982年），银州（治所在今陕西米脂县西北）羌部拓跋遇向宋朝边吏诉说："本州赋役苛，乞移居内地。"对外，西夏在建国初期，国家的赋税制度尚不完整，为了对宋朝频繁发动战争，战争物资与军需粮饷就主要依靠对国内和宋夏沿边地区的掠夺。"凡军兴之物，悉取国人。而所获不偿所费。"结果，夏宋经过几年的战争，西夏终因"死亡创痍者相半，人困于点集，财力不给，国中为'十不如'之谣以怨之"。自然，其捐税的使用也完全依赖于皇帝及其官僚集团的愿望与偏好，充满主观任意性。

第二，西夏专制捐税制完全是一种充满人治色彩的捐税制。在这种专制捐税体制下，捐税义务的承担者是被当作会说话的工具的老百姓。哪怕是有形式上的捐税法，体现的也只是皇帝及其利益集团的意志而已。而所谓的《律令》，极力保护和争取的也只是皇帝和党项宗族的利益。比如捐税，《律令》规定："各租户家主由管事者从就近结合，十户遣一小甲，五小甲遣一小监等胜任人，二小监遣一农迁溜，当于附近下臣、官吏、独诱、正军、辅主之胜任、空闲者中遣之。"还规定："租户家主有种种地租慵草，催促中不速纳而住滞时，当捕种地者及门下人，依高低断以杖罪，当令速纳。"由此可知，家主占有大片土地，领有众多"租户"。当然，家主作为皇帝的基层利益代表者，也分享着皇权专制的一杯残汤剩羹。而"租户"就是广大老百姓，是任人鱼肉和宰割的对象。

第三，西夏专制捐税制是一种极端非人道的捐税制。虽然为牧主放牧的牧人、为农主耕作的农人都有自己的畜产或小片土地，境遇比"隶臣""隶妾"好些，但他们的人身仍被牧农主部分地占有。《律令》规定："对农人妻处罚：卖其女与弟媳。"这意味着，租种官地的农人及其所有眷属，都受农田司所遣农监和农主的管辖。事实上，西夏法律虽然允许买卖官、私奴仆或相当于奴仆身份的人，但却不允许买卖有官人和庶人的妻、媳、未嫁女。而这种非人道也体现在捐税的横征暴敛及其徭役的任意征用方面。西夏境内的农民，十五岁为丁，二丁就要抽正军一人为统治阶级服军役、垦田。而且按规定，在服军役时，必须自备弓箭、盔甲等武器装备，而所配的马、骆驼作战死亡，还得由自己赔偿。至于平时向朝廷和地主缴纳各种租税，更不能少一分一厘。而晋王察哥在大德元年（1135 年）为了广建府第，向党项族和汉族人民横征暴敛，使"蕃汉苦之"，其苛刻的程度连濮王仁忠也对他提出弹劾。

第四，西夏专制捐税制是一种毫无节制的捐税制。西夏皇帝通常根据自己的需要与愿望，几乎可以不受任何制约地课征捐税，或者非理性地支出。因此，铺张浪费，贪污腐败，苛捐杂税，穷兵黩武，就成为所有专制体制与捐税制与生俱来的先天性癌症基因，随时都可以发作。比如西夏王陵的建造，就是专制赋税制铺张浪费、不顾民生最有力的佐证。而穷兵黩武则是一切专制者最为青睐的政绩工程。史载西夏自 1032 年元昊建国至 1227 年末主灭亡，在 190 年的时间里，先后同它的几个主要邻国——宋、辽、金、蒙均发生过大小不等的战争。另外，也同吐蕃唃厮啰多次兵戎相见。西夏自景宗元昊立国到崇宗乾顺同宋高宗缔结和约，历时 91 年（1038—1128），双方和平共处仅 26 年，其余 65 年时间均处于交战状态。而代价是，不仅无端消耗了西夏老百姓的生产、生活资料，而且将一批批精壮的百姓送上了生命的屠宰场。

至于苛捐杂税，更是一切专制捐税制始终无法剔除的痼疾。西夏虽然以农业税收为主体税，但实际中远不止农业税一项，皇帝及其地方官员出于私利而任意开征追加的辅助捐税很多。史料记载，西夏赋税中除纳粮食地租外，还服劳役和缴纳草等等。

古诗里的赋税之"痛"

读中国古诗，既可以读出无限的美感与震撼，也可以品出不尽的苦难与悲伤。如果我们从赋税的角度翻阅浩繁的中国传统诗歌档案，除了风花雪月和壮志豪情，让我们感受最深的还有专制赋税体制下劳苦大众的悲泣与控诉。诗能证史，亦能证税。很多诗歌饱含了专制赋税制下人民的税赋之痛。

1. 旧逋未了新逋积

专制赋税体制下的横征暴敛给人民带来的痛苦，从先秦至清末的历代诗歌里，都有反映。唐代秦韬玉的《贫女》一诗很具代表性："苦恨年年压金线，为他人作嫁衣裳。"同样，李绅的《悯农诗》中也说："春种一粒粟，秋收万颗子。四海无闲田，农夫犹饿死。"杜甫的《兵车行》记述得更为真切："且如今年冬，未休关西卒。县官急索租，租税从何出。"白居易的《杜陵叟——伤农夫之困也》一诗，则记述了皇帝"免税令"被税吏变相执行的故事。"不知何人奏皇帝，帝心恻隐知人弊。白麻纸上书德音，京畿尽放今年税。昨日里胥方到门，手持尺牒榜乡村。十家租税九家毕，虚受吾君蠲免恩。"

宋代的苏轼写道："汗流肩赪载入市，价贱乞与如糠粞。

卖牛纳税拆屋炊，虑浅不及明年饥。"这一诗化的记述，在《宋史·食货志》中有明确的记载。其时田赋征收"既以绢折钱，又以钱折麦，以钱较绢，钱倍于绢；以钱较麦，麦倍于钱。辗转增加，民无所诉"。元代有诗曰："前年鬻大女，去年卖小儿。皆因官税迫，非以饥所为。"南宋江湖派诗人叶茵在其《顺适堂吟稿》甲集《田父吟》中写道："老天应是念农夫，万顷黄云着地铺。有谷未为儿女计，半偿私债半官租。"元人唐元的《田家苦》，则直接记述了农民"旧逋未了新逋积"的凄苦。因此，即是丰年，百姓也难以过上好日子。明代王问在《田家行》中这样写道："人言亩收八斛余，官禀私租未及输。乐岁家家犹自苦，今日江南不如古。"

与此同时，统治者却挥霍无度。晚唐懿宗的女儿同昌公主出嫁，仅赐钱就达500万缗，这已超过当年岁入的4倍。这些负担最终都要落在百姓头上。

2. 民有八苦无一乐

中国历史上有几次大的赋税变革，每次变革，其最终命运都大同小异，都无法从根本上增进人民的利益。相反，会成为统治者新一轮横征暴敛的起点与借口。

我国古代的赋税制度从夏商周的"贡助彻"发展到更为成熟的"租庸调"，其主要精神都是"有田必有租（田赋），有身则有庸（劳役），有家则有调（特产）"。每次赋税制度变革，其出发点和动机可能既是为了王朝江山的千秋万代，也不排除有体恤百姓的成分，但最后的结果多是使百姓更加苦不堪言。唐代杨炎主张实行"两税法"，变革后，翰林学士刘允章曾言"两税法"导致"民有八苦而无一乐，国有九破而无一成"。对此，唐代诗人白居易在《重赋》一诗中这样记述："身外充征赋，上以奉君亲；国家定两税，本意在爱人。厥初妨其淫，明敕内外臣；税外加一物，皆以枉法论。奈何岁月久，贪吏得因循；浚我以求宠，敛索无冬春。织绢未成匹，缲丝未盈斤；里胥迫我纳，不许暂逡巡。岁暮天地闭，阴风生破村；夜深烟火尽，霰雪白纷纷。幼者形不蔽，老者体无温……昨日输残税，因窥官库门；缯帛如山积，丝絮如云屯……进入琼林库，岁久化为尘。"

"两税制"改革仅二十多年后，以此名义加收的各种苛捐杂税，就已将百姓压迫得奄奄一息。唐代思想家李翱曾奏称：施行"两税"之后，各地节度使又假借向朝廷进献之名加派赋税，其所得之中只有 1/3 用来应付进献，而 2/3 都装进了私囊，使得"（百姓）父子、夫妇不能相养"。

3. 里胥叫骂嗔纳晚

有什么样的政体基础，就会培养出什么样的官吏。在皇权专制体制下，税吏的形象总是与"苛酷""凶横"等词联系在一起。

中国传统诗歌中，关于税吏的记述比比皆是。唐代文学家皮日休在《橡媪叹》中，借一位老人之口对税吏的苛酷与霸道进行了揭露:"秋深橡子熟,散落榛芜冈。伛偻黄发媪,拾之践晨霜。移时始盈掬,尽日方满筐。几曝复几蒸,用作三冬粮。山前有熟稻,紫穗袭人香。细获又精舂,粒粒如玉珰。持之纳于官,私室无仓箱。如何一石馀,只作五斗量。狡吏不畏刑,贪官不避赃。农时作私债,农毕归官仓。"

唐代诗人王梵志在其《贫穷田舍汉》中,也记述了乡官里胥的残暴行径:黄昏到家里,无米复无柴。男女空饿肚,状似一食斋。里正追庸调,村头共相催。幞头巾子露,衫破肚皮开……里正被脚蹴,村头被拳搓。驱将见明府,打脊趁回来。

北宋诗人文同《丹渊集》中的《织妇怨》一诗,同样细致地描写了里胥催捐的形象:"……皆言边幅好,自爱经纬密。昨朝持入库,何事监官怒?大字雕印文,浓和油墨污。父母抱归舍,抛向中间下;相看各无语,泪迸若倾泻。质钱解衣服,买丝添上轴;不敢辄下机,连宵停火烛……里胥踞门限,叫骂嗔纳晚。安得织妇心,变作监官眼!"

沉重的赋税使人民苦不堪言。中国古诗中的"税痛",也是中国历史之痛。

(原载 2010 年 7 月 2 日《中国税务报》)

《鄂州约法》财税条款发微

《鄂州约法》是《中华民国鄂州临时约法》的简称。尽管有论者在论及《鄂州约法》时往往"一笔带过",以为它仅仅是一个"带有宪法性质的重要文件"。更有甚者竟然妄言,它"不过是一纸空文"。

事实上,《鄂州约法》作为"近代中国第一个公布并实施的宪法,是当时行使中央职能的湖北军政府的卓越贡献,在南京临时政府成立前具有国家约法意义"。它是近代中国国民与国家订立的第一个现代意义上的原处契约,也是近代中国财税治理走向文明的原创性文本。从本质而言,《鄂州约法》的历史地位不容否定和小觑,而其中隐含的财税法制精神更是不容忽视。

就本质而言,《鄂州约法》共7章60条,与清政府的所谓宪法文本有着本质的区别。它由宋教仁先生起草,于1911年11月9日公布。尽管《鄂州约法》未及全面实施,但其意义却忽略不得,特别是其中所蕴含的财税法制精神,更值得汲取和挖掘。

具体来说,《鄂州约法》中体现的财税法制精神如下:

第一，《约法》认为，国家的最高权力，包括最高财税权力都属于人民。或者说，基于"主权在民"原则制定的《约法》，其基本建国理念是：非经国民同意认可的最高权力都是不合法的，也即人民的同意和认可，是国家最高权力合法性的唯一来源。而且，从权利与义务的逻辑相关性而言，人民既有依法纳税的义务，第十九条规定"人民依法律有纳税之义务"，自然也就拥有依法用税的权利。而且，人们和国家之间的权利与义务分配应该公正平等。

第二，最高权力，包括最高财税权力的使用必须接受人民的监督。人们固然有依法纳税的义务，政府也有依法保障人民获得应有的"用税"权利的义务。而且都得"法定"，不得"人定"。《约法》第二十一条明确规定："本章所载人民之权利，于有认为增进公益，维持公安之必要，或非常紧急必要时，得于法律限制之。"而且，如果都督对议会议决之法律不以为然时，必须以政务委员全体之署名说明理由，并付议会再议，而且以一次为限。第二十四条规定："都督公布法律；但对于议会议决之法律，有不以为然时，得以政务委员全体之署名，说明理由，付议会再议，以一次为限。"目的显然在于制衡都督可能的专权与滥权。

第三，凡是政府的预算，未经议会的同意都不得生效。第三十七条这样规定："政务委员编制会计预算，募集公债，及缔结与国库有负担之契约时，须提出议会，经其议定。"而且，第四十一条规定："议会议决法律案，再议定条约及会计预算募集公债与国库有负担之契约；但基于法律之支出，议会不得减除。"同时规定，最终的决算审理权也在议会，非经议会同意，一切决算时都是不合法的。第四十二条明确规定："议会审理决算"。

而且，哪怕是在特殊情况下之预算外支出，也必须在事后征得议会同意。第三十八条规定："政务委员遇紧急必要时，得为非常财政之处分及预算外之支出；但事后须提出议会经其承诺。"

毋庸置疑，在《鄂州约法》涉及的国家治理结构中，议会显然处于核心地位，它代表人民行使权力，也是国家的最高权力机构，决定着国家最高权力以及财税权力的合法性。《鄂州约法》第四十一条规定："议会议决法律案，再议定条约及会计预算募集公债与国库有负担之契约；但基于法律之支出，议会不得减除。"就是说，议会是法律合法性的最终裁决者。于财税治理而言，未经议会同意的财税事项都是非法的。

从本质而言，《鄂州约法》全篇贯穿着财税法定的法制精神，而且是以最高法律权威和道德权威的形式，对中国纳税人基本权利问题做出了"历史性的总结和回答"。

与此同时，《鄂州约法》也奠定近代中国财税治理的初步框架，第一次以法律的形式确立了纳税人在财税治理中的主体地位，开创了近代中国财税文明的新纪元，从根本上彻底否定了几千年的专制财税统治体制，确立了崭新的现代财税治理的根本导向。因此，毫不夸张地说，《鄂州约法》是近代中国第一次不论在结构上，还是在内容上，以及在立法精神上，都有别于此前满清政府一切冠以"宪"或"宪法"的文献。

总之，《鄂州约法》在现代国家治理中的历史地位不容小觑，而其中所蕴含的财税治理的法治精神，更是未来中国财税治理重要的精神资源。

（原载 2014 年 1 月 26 日《和讯博客》）

碉楼："税痛"的罂粟花

　　戊子年二月二十日清晨，我坐上旅游公司的大巴，从广东佛山市向开平市的"碉楼"村落奔去。平生第一次在侨乡的水色烟雾中穿行，内心不断放大着对开平"碉楼"的想望与迫切。

　　车行好久，来到了开平最具特色与规模的自力村村口。一下车，映入眼帘的尽是水乡的美景图画。"碉楼"林立，鸭鸣鸡叫；波光涟漪，小径弯弯；木瓜累累，树木差错；插秧妇女的笑声在稻田里萦绕，仔犬的嬉闹在田埂奔跑。"碉楼"诱惑我急切地扑入她的怀抱，在导游的引导下，我很快沉浸在碉楼的历史与现实光影中……

1. 沉迷与辛酸

　　据考证，开平"碉楼"最早建于明代中期。

　　碉楼，顾名思义，是外形与功能酷似碉堡一样的楼房。开平的"碉楼"，其共同的功能在于自卫和防御。但细分的话，又有更楼、众楼、居楼之别。更楼主要为了瞭望，用于打更、放哨与观察，以便抵御土匪的入侵，大多为村民共同出资建造，由村民轮值防守。众楼则为村民共建的居所，是村民共同的避难所。居楼是村民自己兴建的用于家族居住的住所，内有粮仓和比较舒适的生活空间。从其结构与材料来看，开平碉楼分为钢筋混凝土楼、砖楼、泥楼、石楼四种。但是，其共同的特点是门窗窄小、铁门钢窗、墙体厚实、墙体上设有枪眼。顶层设有瞭望台，配备有枪械、铜钟、警报器、探照灯、硝镪水等防卫装置，被称为"万国建筑的博览园"，或者洋为中用、中西合璧的典范。

2007年6月，在新西兰举办的第31届世界遗产大会上，与会代表一致通过将"开平碉楼与村落"列入世界文化遗产保护名录。开平如今保护最好的碉楼大多为20世纪的归国华侨所建，它将富丽堂皇的欧美古堡、古希腊的柱廊、古罗马的拱券、哥特式的尖顶、伊斯兰的星星和半月，以及洛可可的细腻柔媚的弧线，拜占庭的圆形穹顶，巴洛克的贝壳、旋涡、山石装饰图案，西班牙的螺旋形铸铁花饰等等，与中国民间的"风花雪月、龙凤麒麟、梅兰竹菊、福禄寿喜"等传统风情巧妙地糅合在一起，形成了一种独特的整合型的建筑风格，既有欧美式的坚固、棱角与结构，也有东方式的柔和、装饰与志趣，是中西建筑史上建筑文化的一次成功的融合与对接，是几代华侨人生梦想与记忆的丰碑，也是开平历史的见证者。

然而，当我们跳出开平"碉楼"的现实，透过"碉楼"展示给我们的美丽现象之际，感性地审美、沉迷或者狂喜，也许会被一种无言的辛酸与悲哀所深深地淹没。

2."碉楼"背后的税痛

一切建筑，无不承载着其设计者及其主人的人生希冀与意志。但作为家居之用的广义民居，其基本功用都应在于满足日常生活需求。民居固然也有防卫的要求，有炫耀的成分，但是，当超越生活功能的防卫功能特别凸显时，事实上，折射的就是一个时代社会治理水平和质量的衰退与式微，反映着一个社会公共生活总体状况的恶化。因为，一个政治清明、经济发达、文化繁荣的时代，社会治安与防卫等公共产品的供应是能够满足广大民众人身安全等基本需要的，作为个体的民众，在完课纳税之后，根本不需要再为社会治安，诸如防盗防匪支出新的成本。以此而言，每一座碉楼，都是那个时代社会治理状况与水平低下失效的见证者与控诉者，是一束"税痛"浇灌出来的美丽的罂粟花。当然，每一座"碉楼"的背后，也记录和见证了一个家族，一个"金山客"的辛酸与荣耀。

透过富丽堂皇的"碉楼"，依稀可以窥见这样的循环链条——因为"税痛"，大批民众流离失所，老无所养，居无定所，小无所教，病无所医，居无所安……因此，社会整体资源水平下降，人口减少，健康、教育水平下降，就业难，生存艰难。最后为了生存，或铤而走险，或背井离乡……一些幸运的"金山客"活下来了，衣锦还乡，置田建屋，示范故里……但是，山还是那座山，水还是那些水，盗贼匪患依旧，社会治安境况更差，依然无法摆脱"一个脚印三个贼"的不安，为了父老妻子的安全，"金山客"不得不构筑碉堡，为原本的家居建筑支付额外的防卫成本。可见，"碉楼"的兴建，本身就是当年的流浪者，今天的"金山客"一种无奈之举，是对社会治理者失职的一种控诉与讨伐。只是由于个体力量的微弱与生命的有限，只能采取这种鸵鸟式的生存策略，再次选择苟且偷生的生活方式。在惴惴不安里既想炫耀又怕炫耀，既想安宁于山水间做闲云野鹤状，又担心飞来横祸夺取一切。因此，在今天富丽堂皇的"碉楼"里，随处可感其主人的不安与恐惧心理，体味一个时代的"税痛"与耻辱。

3. 穿越历史的迷雾

穿越侨乡村落的历史迷雾，笔者实在无法回避既往"税痛"的剧烈与悲哀。在"碉楼"村落当下的辉煌与骄傲里，满目皆是"税痛"的痉挛与挣扎。

据史料记载，1855年至1867年的12年里，是开平百姓流入海外最多的年份。因为在这一时段内，开平一带的"土客械斗"整整持续了12年，清政府对此束手无策，严重失职，致使当时的开平社会治安混乱，老百姓人身基本安全无法保障，大多数老百姓的生存面临严峻的挑战。为了活下去，不少老百姓幻想能在海外闯大运，于是纷纷流落海外，踏上人生的不归路。

而"土客械斗"的导火索,却是土、客人之间特别关注的"学额"问题。"学额"即学生的名额。那时的开平,是一个刚从新会、恩平、新兴等地各划出一块地新建的县,因此,当时的清政府只给开平分配了8名"文学名额"、8名"武学名额"。1649年,由于督学惠士奇以"额少人多,奏请广额"上奏,才奉旨升为中县,加4名文学额。但雍正十年,又被减去文学名额3名,武学名额1名。这样,就只剩下16名。结果,土、客两家就因此互相攻讦,虽然清政府在考试的具体技术方面也做了一些工作,但并未从根本上解决问题,相反,却积聚了更大的危机。

据《开平县志》记载,1854年7月,由于"土人"冯滚带领鹤山"洪兵"(天地会组织)攻破苍城(开平县城)后向客家人"打单"勒索被拒绝,征粮人被杀害而引发大规模的冲突,结果,从最初的互相残杀,抢劫妇女财物,放火烧屋,即"铲屋"开始,互相攻杀,血腥械斗,直至1863年清兵清剿"客匪"才结束,历时12年,以客家人的失败而告终。因此,不少客家人被迫亡命天涯。据史料记载,械斗中双方死亡人数各达50万之多。此后的境况是,"客匪平后,客籍出境,无人应试"。对此惨状,有诗见证如下:

　　　　杀气销边壤,

　　　　干戈忆往年。

　　　　万山曾鬼哭,

十里少人烟。

远旅添耕户,

残黎学种田。

一家何主客?

搔首总茫然。

就是到了 20 世纪初,开平的社会治安状况仍然十分恶劣,惨不忍睹。其乱象简要辑录如下:

1912 年 11 月 19 日,匪首张绍等就劫掳了楼冈学校 28 名学生,以万金才被赎回。

1913 年 5 月,同一伙匪徒又一次绑架了这个学校的 18 名学生,教员 2 人。

1914 年 6 月,匪首朱炳纠党徒千人洗劫棠红乡,残杀乡勇乡民 27 人,掳男女 20 余人、耕牛 50 余头。

1914 年 8 月,匪徒劫侨尾乡李姓全村,掳幼童 20 余名。

1916 年 10 月,朱炳匪徒焚劫四九独冈杨姓村一百余家,掳杀熟人十人……

据粗略统计,仅 1912 年至 1930 年,开平较大的匪劫事件约 71 宗,杀人过百,掳耕牛 210 余头,掠夺其他财物无数,曾三次攻陷当时的县城,连县长也被掳走。

正是在这样的乱世之中,由于 1922 年的一次偶然的防匪成功事件轰动了全县,华侨们才大兴"碉楼"以防身,如今在开平所见的碉楼,大多是在此之后兴建的。这次偶然的防匪成功事件是这样的——1922 年 12 月，一伙匪徒在抢劫开平中学时，因为被临近鹰村人修建的"碉楼"上的探照灯照射而原形毕露，民众在四处乡团的截击下救回了校长和学生多人。结果，此事在当地影响很大，不少华侨认为找到了防匪的有效方法。因此，开始了大兴"碉楼"的风气，结果形成了今天侨乡的这一特色。"碉楼"在最兴盛的时候，仅开平就有 3000 多座，目前还存有 1833 座。

4."碉楼"的税收警示

然而，在追索"碉楼"兴起的历史成因中，我们灵魂深处，不知要历受多少煎熬与撕裂，在我们频频的审美愉悦中，要直面多少历史的苦痛。从这个严格意义上说，我们宁愿放弃这些审美的旅游，不要什么世界级的"申遗"。因为，如果我们今天享用的一切都是由先人们的生命与鲜血筑就，我们宁愿回归荒凉的山野，依旧过着贫穷的生活，宁愿舍弃一切虚荣的骄傲与自豪，只在我们心中安放人道的圣像。我们坚信，历史未必都需要鲜血染成，兴旺未必都需要暴力打劫。当一切历史的遗址被经济的魔兽任意打扮时，一种最低的人道警惕必须时刻清醒，否则，人们容易沦落为恶劣、落后文化的帮凶。

开平"碉楼"村落同样如此，尽管今天看来多么值得自豪与骄傲，多么灿烂夺目，怎样富丽堂皇，但无论如何，也难以全部遮掩其背影里的辛酸与尴尬。这是一片由"税痛"

浇灌的色彩鲜艳的罂粟花。只有我们透过罂粟花的美丽诱惑，才可能看清鸦片的毒性品质。

毋庸讳言，每一座"碉楼"，都是一座"税痛"的警示牌。我们祈祷，但愿至此之后，在祖国的大地上，能少些类似的"碉楼"，实现其老有所养、病有所医、学有所教、居有所安的千年梦想，能从根本上铲除一切再建"碉楼"的土壤与冲动。

再见开平，再见"碉楼"！

（注：本文所引资料，参见武旭峰著《开平碉楼宇村落》，广东旅游出版社 2007 年第一版。）

（原载 2008 年《陕西国税》）

永定土楼前的税收遐想

坐六个小时寂寞的大巴，才从厦门抵达向往已久的永定县土楼部落群，匆匆两个小时的接触后，又在惊叹与沮丧中挥手告别。其实，千里迢迢来拜访土楼，于我，就是为了寻找一个久远的赋税符号，探究一个特殊群体生存与发展的税收智慧，印证自己冥冥中的一个税收猜想而已。

土楼作为客家住民几百年来生存智慧的结晶和象征，自有其丰富厚重的精神内涵与价值意蕴。可以从各种角度与视角去解读和诠释，也可以从各个学科去研究和挖掘。建筑学的、文化学的、美学的、环境学的、军事学的、哲学伦理学的等。但我以为，土楼的价值还在于，它为我们探究税收的终极起源与目的，提供了一块可资借鉴的活化石。比之纯粹的税收考古，更有其独特的不可替代的价值和意义。

1. 客家人的栖息地与城堡

土楼是客家人在严峻的生存环境中"聚族而居"，逐步积累起来的求生与发展的智慧结晶，是客家祖祖辈辈在战乱、匪寇濒临的年代里生存生活的最后屏障与栖息地。

顾名思义，土楼就是以生土为主要建筑材料，配以木、石、竹而建成的土楼，有圆型和方型两种。生土即未经焙烧的按一定比例的沙质黏土和黏质沙土拌和而成的生土，用来夯筑承重墙体；杉木因为可以防潮、防蛀，被用来作柱和梁以及墙筋；未分化的河卵石、花岗岩则用来砌墙基；原竹被破成长条竹片，埋入墙内作墙筋，使土楼产生整体拉力。承重墙体全部用生土，以夹墙板夯筑而成。而内部则以木构架为主，从而实现了牢固性与舒适性的统一。整体而言，土楼依山、就势、傍水，与周围环境和谐统一。规模则有大有小，大的可容纳千人，小的也可容纳近百人。从形制来看，千姿百态，造型各异。现存的永定客家土楼就有 30 多种。从结构来看，土楼经过了一个由简单而逐步合理化的历程，越来越适应客家"聚族而居"的需要，"处处体现了民居建筑与社会管理、科学和艺术的巧妙结合，是公共建筑、庙堂建筑和民居建筑的综合体，深刻地反映了客家人的社会观、道德观、文化观和家族意识、民系意识"。（胡大新语）外形粗砺天然、大气雄浑，内部雕刻艺、楹联、石刻艺术精制多样。

据考证，土楼的诞生，可以追溯到公元 10 世纪以前，也就是唐末宋初之际，到 13 世纪时的元代以后，初成规模，相当普遍，至 14 世纪的明代以后方才进入成熟期。但是，以金山圆寨、馥馨楼、振兴楼、日应楼等为代表的早期土楼建筑，不仅规模较小，而且结构比较简单。同时，大多没有石砌的墙基，其装饰也比较粗糙，形状也只有方圆两种。只是到了 16 世纪后期至 19 世纪的明清时期，由于永定烟草业的蓬勃发展，为永定土楼奠定了坚实的经济基础，才将土楼的完善和完美，推向了炉火纯青的阶段，诞生了一批以承启楼、奎聚楼、永隆昌楼、裕隆楼、五实楼、福裕楼、环极楼、衍香楼等为代表的土楼。到 20 世纪初的清末民初时期，由于西洋等各种文化的影响，永定土楼又有了新的发展，不仅在艺术形式、造型技巧、布局结构、审美情趣等方面有了新的突破和超越，而且在功能上也添加了更多的文化成分，淡化了生存的焦虑感与紧迫感。此时的代表以振成楼与振福楼为主，将古代的生土建筑艺术与西洋建筑艺术，以及中国古代的园林艺术有机地融合在了一起。就本质看，客家土楼的创造性在于，它将传统的具有防卫功能的土堡和寨，脱胎换骨为一个崭新的独一无二的雄伟民居，翻开了民居建筑新的一页。

面对如此粗砺、雄浑的土楼群，我的思绪难以停留在对土楼造型的感叹上。我问自己，在这样一个小社会里，这样一群世世代代生活在这个共同体里的客家人，他们究竟是如何处理和安排自己的私生活以及公共生活的？

其实，答案就在土楼发展与兴衰的风风雨雨里。土楼作为客家人生存生活的最后屏障与栖息地，就在于它不仅为个体生活提供了一定的自由和归属，同时，也因为土楼具有的安全防卫、防风抗震、防火防涝、通风采光、冬暖夏凉、教化育人等生存生活的实用功能，也为客家人提供了足够的公共生活保障。可以说，在土楼里，"生活设施、祭祀处所、议事场地一应俱全，每座土楼如同一个小社会"。

2. 原始税收的活化石

从土楼诞生的根本原因看，土楼无疑起于客家人不断争取生存与发展的公共需要。在疲于保命的生存迁徙过程中，安全是他们生活的第一要务，也是他们争取新的生活希望的基础。假如没有了安全的保障，其他一切都将无从谈起。因此，客家人的祖先们，怀揣中原文化的智慧，在从唐末开始的五次大迁徙中，不断探索和积累生存的智慧。在一代又一代的艰难摸索与积累中，他们逐渐总结和发现了土楼这种集住宅与保安防卫功能为一体的"堡宅合一、聚族而居"的特有民居特点。

在这个"堡宅合一，聚族而居"的共同体中，土楼成为一个成本最低的公共安全体系、公共生活体系、公共教育体系、公共卫生体系等。事实上，对外，土楼是一个公共安全与防卫体系，肩负着土楼内所有共同体成员的安全，可以拒敌避祸，抗匪保命。其公共性显而易见，只要成为土楼中的一员，任何人不论是否参与建设，都将被保护，可以避免外在的伤害；对内，诸如公共生活、教育、卫生、防火、排污等体系，同样具有现代公共产品的特性。既然"每座土楼如同一个小社会"，那么，每个小社会就必然存在着公共生活需要，也就有对公共生活的责任担当。在这些公共需求中，有些可以通过各家各户的劳动完成，比如，通过"各家自扫门前雪"，最后实现土楼内所有成员享受的公共卫生产品。又比如防火。对那些无法通过直接贡献形式完成的带有公共特性的产品，则由各家各户出资完成，比如教育，比如扶贫帮困等。其实，土楼的建筑过程，本身就是一种带有明显公共产品性质的投资活动。通常由各家各户共同出资，全体成员共同参与完成，然后大家共同享受。后辈或者新入住这个土楼者，自然成为这个共同体里的新人。尽管这些新人没有直接地具体参与，但因为他们为这个共同体的延续做出了新的贡献，也就作为这个小社会中的一员而受到保护，比如新生的后辈，比如嫁到土楼里的姑娘等。而且，这些公共产品的生产成本，都由其中的成员平摊，有力出力，就是徭役的雏形；有钱出钱，就是税收的雏形；为防护寇匪而战的成本，就是赋税的雏形；为扶贫帮困出力出钱，就是现代社会保障税的雏形等等。

土楼这个小社会里的公共生活图景一再昭示我们，税收活动最初就是产生于社会公共生活的保障性需要。或者说，税收起源于保障一个社会的利益共同体的需要。它的产生，就是为了不断增进共同体和每一个成员的利益。因此，增进共同体和每一个成员的利益，无疑就是评价一切税收治理体系优劣的终极标准。从社会具体的税收需要看，税收起源于经济活动、文化产业和人际交往以及一切具有社会效用的活动存在与发展的需要，即"经济、文化产业、人际交往、政治、德治、法、道德"七者存在与发展的需要。因为，税收不仅是"经济、文化产业、人际交往"活动存在与发展的必要手段，而且是制定良法、良德和实现优良的政治、德治的必要手段。就土楼共同体而言，如果没有类似税收这个雏形的存在，土楼内客家人的生存生活，将受到极大的制约和限制。如果每个客家人各自构建一个公共生活安全与防卫体系，其成本将会大大增加，甚至不可能。但如果一定规模的客家人联合构建，共同享受，则不仅可能，而且成本会降低。客家人的智慧就在这里，生存、生活的艰辛阅历告诉他们，联合的力量最大，联合者的生存成本最低。客家人的这种智慧不仅体现在他们的土楼构建方面，就地取材，选择成本最低的生土以及石、竹、杉木作为土楼的基本建材，更体现在他们将保安体系与日常生活住宅合而为一，降低生存成本方面。同时，他们也通过不断教育子女，在土楼内倡导利他精神，以儒家文化为主要的价值观，不断巩固和传播这种道德观和精神，通过降低共同体的生活管理成本，减少人际交往的管理成本。最终，用现代税收术语表述，就是不断降低税收负担，减少公共财政的支出。

正是在这个意义上，笔者以为，土楼的价值还在于它是我们探求原始税收起源的活化石，是我们解剖税收终极目的的活体切片。

3. 社会治理失效的怪胎

在我们为客家人的生存智慧感叹之后，进一步的思考与辛酸可能随之泛上心头，为什么？

因为，客家土楼所展示出的生存智慧，恰恰是因为那个时代社会治理的系统性失效被迫产生的。这不值得赞美，这是我们民族的悲哀。试想，如果不是连年的动乱和匪寇的横行，如果社会统一的国防与治安体系不被破坏，客家人有没有必要为自己的生存与安全，再支付一遍"土堡"的成本。尽管土楼之"堡"的成本是就地取材，但在生产力水平低下的几百年前，这个成本不论怎样都会远远高于他们在和平年代支付的赋税。如此来看，客家土楼尽管让我们领略了客家人的个体生存智慧，但代价实在太大，而且是完全没有必要支付的奢侈性消费。如果有一个稳定的制度安排，能将这笔财富代代积累下来的话，中华民族又是一番怎样惬意的幸福命运呢？

告别土楼的时候，已是凉风初起的黄昏。土楼前的溪水潺潺，落日的余辉已经开始在气势恢弘的土楼上驻足。远处峰峦叠嶂，郁郁葱葱。但我仍然无法掩饰自己的沮丧与失落——怀抱太多的兴致与期待而来，得到的却是一个辛酸的答案，以及一些零零散散的关于税收的遐想。

作为个体生存智慧象征的土楼，我永远敬畏与膜拜；但作为社会公共生活治理失效象征的土楼，我无法放弃自己习惯的理性警觉。辛酸与无奈，一直濡湿着我返回厦门的情绪。

［原载拙著《税道苍黄：中国税收治理系统误差现场报告（上）》，

西北大学出版社，2009年版］

石碑上的税魂

癸巳年仲秋，幸逢母校校友会成立大会之际，得与大学同窗、同室舍友、睡在我上铺的兄弟，如今已是很有实力的企业家——夏军一行，穿秦岭，越群峰，赴汉中，奔安康，拜谒师友，感悟岁月之沧桑，生命之短暂。

期间，得与现在安康市地方志工作的蔡晓林老师夫妇相识，并获"安康文化研究"资料一套。最为欣喜的是，竟然获赠一本 1998 年陕西人民出版社出版的《安康碑版钩沉》（以下简称《钩沉》），书中收录了 23 篇赋税碑文资料。又恰逢十一长假，便立即研读，也就有了以下关于"石碑上的税魂"的文字。

1. 赋税碑的记忆

税作为国民与国家之间就公共产品交换价款缔结及履行契约的活动，古已有之，中外概莫能免。而且，透过"税"，便可管窥一个国家一个时代社会治理的文明程度与水平。自然，透过《钩沉》中 21 篇赋税碑文，也可触摸到那时税收治理的文明程度与水平。

研读《钩沉》赋税碑文，对笔者影响最深的是，从最早的（1828 年）《黄豆客商出厘捐修关帝庙碑》，到最晚的（1901 年）《永免枪税碑》，传递给我们最多的信息是——从清道光八年至光绪二十七年，地方自治的权力很大，大到县一级主官，可以在遵照大清税法的原则下，急民之所急，因时因地动员社会其他力量，探索减免贫弱者税费负担的新路子。而且，对那些勇于为贫弱者担负"税负"与"费负"的仁义之士，能及时给予官方、士绅、百姓的共同肯定与拥戴，并勒石表彰，立碑树传，从而延缓官民以及征纳税人之间的冲突。这或许是清王朝虽摇摇欲坠经年，却能苟延残喘多年的重要原因之一。

现存宁陕县皇冠乡兴隆村的《捐猪酒税公本碑》记述如下：由于当时"捐资仅足予乡保身工，而不足以应境地差费"，用现在的话说，就是捐资仅够满足日常开支，无钱支付"差费"等。所以，就有义和德、汪正武、黄永升、张振长等董事重捐，买了马俊魁的大湾土地一契，郑大顺土地一契，用每年收的租来为乡亲交猪税、酒税等项杂税杂费，既能解政府之难，又能减轻百姓的杂税负担。"于是乎则境内诸人永无年年需索之类，后事乡保全无事事派收之劳，此又首事者之善美举也。是安得不勒之碑而使之不替哉？"

而现存于平利县清太乡王山村之《集资公应诸税条规碑》则这样记述，由于当时"其供亿虽无多而历费实不少也"的现状，即收的税不多，但支出的款项却不少的现实，直至"每一款出，官责于乡保则差役催提有费；乡保派于各户则牌甲催收有费，而不消者浮派肥私，有所不免，故于岁中扰人苦"。因此便有"迨乎！士君子所为目击者心伤而无如之者何也"。的呼吁！幸有"孔锐卿茂才，有志筹款公应诸费，以所长祖师会钱四十串捐作公费，复资而益之"。随后，又有邑乡耆张君立发，慷慨捐地，"胡君安泰，复倡捐重资，众绅粮咸乐捐助"响应，并置田买地，以海龙王庙为办公场所，推举首事经理，用"所入租款以支应一切杂税"。因此，"自今以往，户完国课外一无需索，斯固乡里后风俗之盛事也"。此碑同时还告诉我们，民间要做善事，不仅要会做善事，而且要善于管理善款。

相似内容的涉税碑，还有现存于白河县凉水乡的《经理猪税公本钱碑》。而且，石碑所载之税项，都是经过相关部门或百姓代表协商议定。此碑告诉我们，要把"振贫救荒之钱移作猪税之项，并将竹木草纸一切杂税免尽，每年在猪税项下抽钱一串交礼房缴案，免滋扰累贫民"。立碑的目的、所定之事项，具体措施，都写得清清楚楚，就是为了避免"扰累贫民"。而现存于白河县西沟乡刘家院的《免猪税扰累告示碑》，同样是为了权变利民，"猪税一项，各保乡正，傺秋后经公奏集公本生息，免再派及穷民，以省扰累，一律出示晓谕在案"。而且，"以后应纳竹木草纸一切杂税，准每年在猪税息钱下提钱一串，由首人按两季交礼房。"如果有人违反此规，则"准即指名喊控以查拿"，绝不徇私。而现存于白河县西沟乡桃源村的《捐公本纳畜税碑》，对此也有记载："我尹公设法免征，捐公本之息而完纳。"这类涉税石碑还有：白河县裴家乡陈家庄的《豁免畜税碑》、白河县桃源乡后坡村的《钱作义义捐畜税碑》、白河县顺水象关帝庙的《余书堂独捐畜税碑》等。

从这些涉税石碑的记述可见，晚清一时，官民在税费重压下，并不是无所作为，其中官民互动，发挥民间自救的经验，实在值得今天借鉴。毋庸讳言，观察官员在原则与权变之间的公共情怀与生存智慧，也可管窥晚清之际民间自治的空间大小、态度与具体方法。

2. 不要抹杀良吏的功德

清王朝的税权合法性显然无从谈起，属于皇权专制，国家的最高税权属于皇帝一人，理论上可以不受限制地一人独掌。但这并不必然意味着，清王朝财税权力在运用过程中可能存在的伤害相对弱小，比如当皇权专制的力量由于技术落后的原因而无法极致性地发挥之时，虽可被一些无良的官员无限滥用施害，同时也可能因为良知官员的士君子情怀与个人操守而为民造福。

从《钩沉》诸碑记载的涉税资料中，无疑也让我们见证了这样的好官员，他们能急民之所急，想民之所想，想方设法减轻百姓的赋税负担以及杂费负担。或许这样的官员，在封建皇权的制度背景下凤毛麟角，但毕竟投射出了一点人性的光辉文明，属于人类税收文明中难得的精神财富，必须给予褒奖和呵护。

这些官员的共同特征有二：一是重视发挥民间士绅阶层在底层社会救助与治理中的作用，因势利导地推动和鼓励，诸如上述诸多减轻百姓负担的救助义举。二是注意通过建章立制，对滥用赋税权力之吏恶劣行为进行监督与惩戒。

比如，现存于汉阴县双坪乡磨坝铺小学院内的《支应差务章程碑》，记载的就是当时汉阴县主官，会同耆老、乡约、粮户等 14 人，针对"近年差务纷纭，间有上宪船只过往，民间支应纤夫，一切差务在所难免"。但是，"查该铺向未设有公局，凡应用夫差必须就近资籍民办。惟该处铺分不一，彼此混杂，易生争端"的弊端而制定之规范支应差务行为的章程，用以直接规范差务，协调关系，避免争斗。而现存于白河县大双乡秧田村黄沙沟的《裁免屑小差务碑》，记述的则是县衙会同各方代表，通过捐修途径解决屑小差务之痛的事件。而现嵌于汉阴县天地乡离尘寺庙中的《宽免离尘寺差费碑》，则是为了杜绝"游僧野道"任意"索取差费""挂单骚扰"的弊端。

而现存于白河县歌风乡新定村的《减免草税碑》，记述的则是时任白河县令的李宪，根据百姓诉求，爱民为本，改革了"草税"旧制，并勒石告知后来人，"本县从此将征草之事永远革除，庶使吾民得以苏息。惟遇军需紧急之时，尔百姓却要照旧支应，若本初并无军需，则无需支应也"。同样，现存于紫阳县宦姑乡政府前的《大南上牌酒税碑》，记述的则是官方如何惩戒差役滥权欺压百姓之事。这是因为，由于年岁荒歉，"以致差役自行浪收，并不遵照旧章，加倍重索。稍不满意，辄以违禁大题蒙蔽禀案，诬累乡愚，几酿巨祸。噫！此弊实蠹役为之，而仁宪莫之知也"，于是，就立碑遏制差役的这些恶行。同样，碑文内容也是当时紫阳县主官会同地绅粮保约、监生、耆宾、约正、客头、仓正、良户等代表集体商议，"以垦立旧规，禀呈唐前宪"。并通过乐捐之资，购置土地，"一并交给税差交官，永免逐年苛索之累"。

同类税碑，还有现存于白河县税务局的《会办全陕厘税总局告示碑》，立碑目的就是为了严厉打击钱铺奸商，通过厘卡收钱必须兑银而故意刁难，盘剥税民的行为。碑文记载如下："而钱铺奸商，因厘卡收钱必须兑银，亦遂籍青钱为名，任意多索。遇商贩买银厘，其居奇尤甚。价值之间，又从而乐捐之，违法累商，莫此为甚。此等情弊，想所在皆然。除通饬各卡书役及钱商人等一体知悉，此后抽受厘钱及兑换银两，无论钱之为青铜、为红铜，但系官版制钱，并非私铸钱，即应一律照收，不得故意勒掯换银。价值亦应按照时估，公平交易，不得抬价居奇。"而且严令："自示之后，倘敢仍蹈前辙，一经查出或被告发，定即从严惩办，决不宽贷。"同时，也对商贩提出了要求："至该商贩人等，完纳厘钱及以钱兑换银两，一应遵例，制钱不得搀和私铸，致于查究。"

而紫阳县地处汉江区域，诈索客货与船只的现象也就难免发生。而现存于紫阳县文管会的《禁埠役诈索客货船只碑》对此就有记载："本道核阅，沿江埠役诈索客货船只钱文，大为商贩之害。"因此，"除檄饬兴安府严提著名蠹役，认真究办，概予斥革，出示谕禁，并移陕安镇确查营员有无私设埠役，克诈情事"。而且，"一体认真禁止外，合行出示晓谕，为此示仰沿江厅县、码头、行商、船户人等知悉，自示之后，务须遵守旧章办理，如再有埠役、差船行人等，格外诈索客货船只钱文，扰害行旅情弊，准该船户指名禀官。一经上控，定行按名提讯，从重惩办"。可见当时赋役廉政措施之严格。

3. 赋税碑的启示

今秋之感伤多矣，今秋之获大焉！幸有诸多涉税石碑相伴，可一扫寂寥之气，感谢夏军，感谢蔡晓林及吴老师一家。税道苍黄，吾将继续上下求索。古人之智慧不可无视，域外之精神岂敢拒绝，要走进文明税收的境地，前路尚远，且荆棘丛生，只需以"求仁得仁"之信念自励。

吾观安康地区此组清代涉税石碑，启示有三：

第一，赋税治理，地方之积极性不可忽视和遏制。特别是在地域宽广，现实复杂，又处转型之际的地方治理中，基层政府及其官员的积极性与主动性千万不容忽视，应该在地方税设计以及地方官员的财税权力及其职能范围方面，多些信任与放手，在遵从大原则、加强财税权力监督制衡的前提下，充分发挥地方政府及其官员的主观能动性。

第二，赋税治理更不可忽视民间的智慧和力量。清一代的赋税治理，之所以官民之间的冲突相对较少，一个不容忽视的原因在于，遇到征纳矛盾，官民互动的空间存在，而且由于士绅阶层的存在，底层百姓的苦难可及时传递给基层官员，并通过协商化解。坦率地说，在制度设计上，当时的税制也为此留有可操作的余地。如前所述，至少制度允许，可以通过民间的救助途径，减轻百姓的赋税与杂役、杂税的负担。

第三，赋税之痛，税吏滥用赋税权力是古今中外共同原因之一。因此，赋税治理之要重在监督和制衡税吏日常性之权力滥用，唯此方可减少财税权力对百姓权益的直接伤害，增进百姓的福祉总量。

当然，仅凭这些涉税碑文，远不可宏观清王朝赋税治理的全貌。毕竟，清一代的赋税统治，其本质属于皇权专制，国家的最高财税权力非皇帝一人莫属。哪怕是有一些制衡规章，也不过是内部规劝而已。因此，根本说来，其赋税制是不人道非自由的，也是无公正无平等可言的。但其在具体征管技术方面的举措与经验，也应该记取。

事实上，上述启示，都是任何文明税收治理不可或缺的要素，它是税之魂灵，也是税之骨血。而且，寄托于石碑之上的税魂，虽然有些沧桑，有些冰冷，有些模糊，也有些残缺，但最为可贵的是：尚有一些棱角，还有一些重量，也有一些岁月的真诚与睿智。因此，与"石碑上的税魂"对视、对话和神交，或许我们心理更踏实，至少不必太过担心它会习惯性、不负责任地说谎。

（原载《陕西国税》2013 年 10 月 5 日）

隋二世而亡的根本原因

世人皆知秦二世而亡，岂不知，隋也是"二世"而亡。秦二世十五年而亡，隋二世三十七年而亡。对秦二世而亡，早有贾谊之《过秦论》总结得失；但对隋二世而亡的原因，至今所论，多归于隋炀帝杨广个人品行之荒淫暴戾，好大喜功，以及统治缺乏有节奏、有层次的目标设定。

604 年杨广即位后，随着其权力地位的逐渐巩固，愈到后来愈是疯狂无度，一意孤行。既沉湎于个人无限膨胀的"千秋功业"与身后之名的虚幻目标，又自信于前朝父辈财富积累的雄厚，以及或将用之不竭的误判，不合时宜地开启了以民为"资本"的盛世美梦。其结果不过是隋亦二世而亡。可叹的是，隋之兴亡转换，也不过三十七载而已！隋速亡的根本原因究竟在哪里？

事实上，隋炀帝夺位不久，便按捺不住做一个一代有为帝王的原欲冲动，很快放弃了其父隋文帝低调的治世方略。踌躇满志地发动了三次外征高丽拓疆开土的重大事项。同时，开始了大兴土木，营建洛阳城，修筑长城，开掘运河，修筑驰道等等重大工程。结果导致国库日渐拮据，苛捐杂税越来越重。而繁重的徭役，更是把成千上万的老百姓逼到了生不如死的地步。

据史载，隋初，"人庶殷繁，帑藏充实"，"计天下储积，得供五六十年"。"隋炀帝即位，是时户口益多，府库盈溢，乃除妇人及奴婢部曲之课，男子以二十二成丁。"即将男子成丁年龄推迟到二十二岁。问题在于，就在隋炀帝即位的第二年就开始修建洛阳城，以尚书令杨素为营作大监，每月役丁二百万。"易使促迫，僵仆而死的十分之四，每月车载死丁，东至城皋，北至河阳，相望于道。"同时开运河，"发河南诸郡男女百余万"。第三年五月就"发河北十余万郡丁男凿太行山，达于并州，一通驰道"。608 年春即开永济渠，秋七月又发二十万男丁筑长城；609 年"自西京诸县及西北诸郡，皆转输塞外，每岁巨亿万计，经突险远及遇寇钞，人畜死亡不达者，郡县皆征破其家"。610 年再"敕穿江南河，自京口至余杭，八百余里"。611 年攻打高丽，山东"增置军府，扫地为兵"，致使"百姓困穷，财力俱竭"。612 年又集兵"凡一百一十三万三千八百人，号二百万，其馈运者倍之"。而隋朝赋役之害，役制最甚。一是超市延期，二是课及妇女，三是徭役苛重。长城之役，"死者太半"；修船之役，"官吏督役，船工昼夜立于水中，不得休息，自腰以下全都生蛆，死者十之三四"。而且"每急徭卒赋，有所征求，长吏必先赋买之，然后宣下，乃贵卖与人，旦暮之日，价盈数倍，衰刻征敛，取办一时，强者聚而为盗，弱者自卖为奴婢"。

可以说，表面看，隋之速亡，尽可归于隋炀帝杨广个人品行的荒淫暴戾，好大喜功，以及他的统治缺乏节奏和层次型目标设定。然而，以笔者陋见，隋之速亡，杨广个人品行之恶劣，不过是加剧隋朝君主专制速亡的重要因素。也就是说，如果遇到个人品行相对较好的皇帝，其灭亡的速度可能会慢一些。不是二世而亡，而是三四世、五六世、七八世而亡。然而，就君主专制的非人本性而言，隋之灭亡也一定是自然的。因为一切非人道不自由而且缺乏基本公正平等性的制度，因其背离了社会治理的大道原则，灭亡仅仅是一个迟早和快慢的问题。

质言之，由于隋一代赋役制度与专制皇权制度的同构性，最高赋役权是掌握在隋炀帝一人手中的，而且几乎是不受任何限制的。因此，基于权力的自私性、贪婪性及其破坏性，绝对权力的必然逻辑，一定是倾向于剥夺所有人的利益，从而使其利益最大化。

可见，隋二世而亡的根本原因在于，隋朝继承了专制非人的君主制。隋炀帝荒淫暴戾、好大喜功的个人品行，不过是加剧隋朝速亡的重要因素而已。而财税统治失序，也不过是隋朝速亡的表象原因。

（原载 2014 年 1 月 23 日《深圳特区报》）

那些免税碑，那些衰朽的背影

仲夏出差，折道杭州，道听有免税碑，遂录入手机备忘。等回家在百度一搜索，原来不止杭州存有清乾隆、康熙、道光年间的免税碑，其他地区还包括湖北省宜昌市长阳土家族自治县都镇湾存有清代道光年间的免税碑，北京门头沟存有的免税碑名为"永远免夫交界碑"，南京明孝陵的康熙免税碑，山东聊城的"今日无税"免税碑，安徽宝林寺的免税碑，以及山西大显通寺的免税碑和山东济宁存有的乾隆年间名为"油丝烟免税碑"等。

研读这些免税碑资料发现，仅就这些免税碑所列的免税对象、内容和刻立原因看，原因各有千秋，笔者对此浮想联翩，思绪万千。

1. 那些免税碑

杭州碑林现存的清康熙年间免税碑，碑文说，杭州府辖区共有100多艘鱼花船，以此为生者，有数千家之多。过去，每船纳税3两5钱或3两6钱不等，造成民不聊生，现予免除，并立碑以示久远。这无疑是康乾年间朝廷减税富民理财思想的政策使然，是为了体现康熙帝的仁政和民本思想而立，是针对特定纳税群体的减免。

目前在杭州市余杭区塘栖镇水北街高耸的是清代乾隆帝赏赐的免税御碑，从碑文看，是为了高度肯定东南各省对国家财政所作的贡献，是对浙江省历年税收没有积欠的赞赏与褒奖，乾隆帝决定蠲免浙江省当年地丁钱粮总额 30 万两白银。这也是对浙江省的奖励性减免。

而立于清道光年间的西溪周家村免税碑，碑上刻有"奉旨、豁粮义地、清道光七年冬季长春集司事立"等字。"豁"是免去的意思，粮是钱粮税收，义地指公共用地。大意是：这里有块公共用地，这里的老百姓可以免缴捐税。这块免税碑是奉旨立的，是对局部地区、特定对象的减免。但据考证，发现此碑之处，正是当年皇帝赐封的"慈月庵"遗址，与"孤身阿奶送皇粮"的民间传说有关。如果这样，就可能意味着道光皇帝是有感于"孤身阿奶送皇粮"的忠心，为了鼓励当地百姓踊跃缴纳皇粮国税而立。

湖北省宜昌市长阳土家族自治县都镇湾的清代道光年间"昭示永免"免税碑，经初步考证，也是清道光年间朝廷免除当地百姓赋税的告示。此碑高 1.62 米，宽 0.72 米，厚 0.12 米，碑文共 10 行，每行 37 个字。碑文大意是朝廷为了体恤民情，才主动免除了当地百姓的赋税，应属于道光帝的财税减免政策。

在几块免税碑中，"大清乾隆四十二年"（公元 1777 年）

立于北京门头沟的免税碑——"永远免夫交界碑",应该最完整,也因为北京市地税局的抢救,使其更具史料价值。事实上,同样的免税碑,当时有三块,其中一块立于牛角岭,另一块立于峰口庵,还有一块立于当时的宛平署。目前保存完好的,还存在原地的古碑仅牛角岭一块。"永远免夫亭"坐落于牛角岭关城附近,这里曾经是川流不息的京西古道,也是元、明、清三朝拱卫京师的军事要隘。碑文记载,自古以来,北京西山乡村"石厚田薄,里人走窑度日。一应夫差,家中每叹糊口之艰。距京遥远,往返不堪征途之苦"。此碑的刻立,不应忘记当年王平口巡检司官员阮公之功。清雍正八年(公元 1730 年),因为阮公将乡民疾苦呈报县官,县官上奏朝廷雍正帝恩准,才免除了这里的夫役。因故,王平、齐家、石港三司 38 个山村的"夫役"得以全部豁免。其减免税对象是处于社会底层又地处偏远地区的弱势群体。"永远免夫交界碑"体现的是清代康乾时期"盛世滋丁,永不加赋"政策延续的产物。

南京明孝陵的清康熙免税碑是 2003 年出土的,一直保存在中山陵园管理局文物处,但迄今从未被公开过。该碑目前存于下马坊遗址公园西北侧,青石质,高 2.2 米、宽近 1 米,通体镌文,碑额上尚可清楚地看到篆刻的"奉旨蠲免三则碑"字样。碑文主要记载,清顺治十三年(公元 1656 年),政府规定:原明孝陵守陵的军丁,要纳银两,用于地方漕运造船,但实际上原孝陵卫的守军"各户故绝过多，册内有名无人，钱粮有征无纳"，致使地方官吏无从落实有关款项，至清康熙年间，地方粮道长官、江宁府上元县长官等向朝廷提出，希望豁免原明代孝陵守军军户的钱粮，后经核查属实，清政府同意蠲免，并希望地方官吏遵照执行，差役下乡，不得侵扰，如敢违背此旨，当予重处。为保证政府法令为公众知晓，"永远遵奉施行"，地方官员特地勒碑刻石，予以公示。可见此碑虽属赋税告示，但却透着几分朝廷的无奈，也体现了地方官员的主动努力。

山东聊城的清康熙"今日无税"免税碑，据史料记载，是康熙四十二年（公元 1703 年）康熙皇帝南巡时，因为刑部侍郎任克溥奏请康熙帝恩准所立。免税碑高约 4 米，碑顶双龙雕镂，中有"圣旨"两字，碑中央题有"聊城临清等五处禁止添设关卡"的大字。据传此碑因仅书"今日无税，明日有税"又不著日月，而使东昌府所属邻封县镇均受惠，一时间，商家云集，舟樯如林，异常繁荣昌盛。但其碑的刻立，却是因为清代第一榜状元傅以渐（聊城人，曾当过康熙的老师）借康熙帝南巡的机会，为故乡争得的免税恩赐。

立于乾隆年间的山东济宁"油丝烟免税碑"，则详细记述了济宁的油丝烟为与南烟抗衡奏请免征加工税，并获官府批准的事实。此碑的刻立，是因为当年烟商的共同呼吁。奏请中写有 24 家烟店的签名。正是因为这一减免政策，直到清代晚期，济宁的烟草加工业仍然兴旺不衰。

2. 那些衰朽的背影

从上述免税碑的立刻原因看，或是皇帝出于仁政的统治思想，为了体现减轻民负，发展生产的仁心；或是为了严厉约束政府开支；或是为了鼓励老百姓积极缴纳皇粮国税；或是为了报恩；或是为了促进行业的发展等等，不一而足。但是，不论这些免税碑的刻立背景及皇帝和朝廷的真正动机如何，对广大老百姓而言，减免税总比加重赋税日子要好过些，其价值值得肯定。而且，乾隆皇帝"天地只此生财之数，不在上，即在下，与其多聚左藏，无宁使茅檐蔀屋自为流通"的财税统治思想也有可取之处，其历史价值和意义也不应抹杀。

因为康乾时期，为了开疆拓土，频繁用兵，仅乾隆时期就两次征伐了弹丸之地金川，耗费了国库 7000 余万两白银。但因为奉行了减税政策，竟然聚敛了更多的赋税。康熙在位62 年间，蠲免天下钱粮共计 545 次，折合白银高达 1.5 亿两，相当于当时国家每年 2000 万至 3000 万两财政收入的 57 倍。乾隆的赋税减免更多，总额为 2.5 亿两，按当时国家每年的财政收入 5000 万两计算，减免额为 5 年的财政收入。据研究资料显示，仅康雍乾三朝的蠲免赋税及赈灾百姓的费用，就高达 4.2 亿两白银。

但是，理性告诉我们，不能因此而忽视皇权专制赋税制极端不人道、不公正、不自由的残酷本性。根本说来，这个税制体现的是皇权专制一家一姓的赋税意志。尽管历代皇帝都把仁政爱民挂在口头，遵行儒家所谓的"民本论"，主张轻税节用的财税政策，不时颁布减免税的圣旨，刻立免税碑，但骨子里，皇帝的一切行为的出发点，无不是为了皇家一家一姓的江山和利益。爱民在皇帝那里，和爱马是为了用马是一样的道理。所谓的"以民为本"，不过是以民为本钱，以民为资本而已，从来都不会是以民为根本，以老百姓的利益得失为出发点和归宿。这点，可从朱元璋在养蜂老人那里得到的赋税启示得到印证。养蜂人的聪明在于，冬季蜜蜂无花可采时就不取蜜或少取蜜，春夏蜜蜂有花可采时就想办法多采。因为只有这样，才能保证年年有蜜卖，不至于饿死。朱元璋由此大悟，对老百姓也不能苛求过多，否则，轻则会激起民乱，重则会危及朱家江山。毋庸讳言，在朱元璋眼里，老百姓和蜜蜂是在一个层次的。其实，历代皇权专制赋税制无不是以民为本钱的。所谓"普天之下莫非王土，率土之滨莫非王臣"是耶！

从免税碑的刻立原因分析可知，免税权是掌控在皇帝一人之手的。而且，只要皇帝愿意，他可以随时给任何地区、任何群体、任何行业，以任何原因免税。他可以为了报恩而动用免税权，也可以碍于老师的情面动用免税权，也会因为一时兴起动用免税权。当然，也不能否认其基于政策要求的理性赋税减免作为。因为在皇帝眼里，普天之下莫非王土，国家是他的，国家内的一切都是属于他的。物是他家的，地是他家的，老百姓也是他家的私有财产，因此，皇帝可以任意处置。这无疑剥夺了全体社会成员的赋税权，是一种极端不公正、不人道的赋税制。如此观之，免税碑的价值也就十分有限弱小了。它仅仅意味着，曾经在某年某月，某位皇帝对某某地方的某某群体，因某原因减免了某税而已。就现代文明税收治理思想而言，免税碑仅具有一些赋税考古价值而已，只能从抽象的角度继承它的减免税思想。

这样，当我们遥望那些或淹没于荒草荆棘之中，或供奉于高堂舍的免税碑，从它们模糊的字迹，剥落的笔画中，我们追寻的，只能是一个没落王朝腐朽的背影。它的背影，只是一再提醒我们，要面向未来，要勇于追赶文明的税收足迹。皇帝的免税碑再多，都不过是为了皇家一家一姓利益的千秋万代。

那些免税碑，那些衰朽的背影……

写于 2010 年 8 月 27 日

王安石财税变法"流产"的根本原因

围绕王安石变法的得失成败，近千年来不知耗费了多少智者的心血。得出的观点与结论，褒贬不一，莫衷一是。究其原因，不是失之于评价标准的相左与分歧（比如，终极评价标准与具体评价标准等），就是失之于评价对象的模糊与复杂（比如，具体行为或变法者的品德等）。至于变法流产的根本原因探讨，结论更是五花八门，甚至大相径庭。笔者认为，王安石变法，包括财税变法的流产或失败，其根本原因在于其变法挑战了财税治理的终极目的。

1. 变法流产之首要原因

王安石变法是从熙宁二年（1069 年）开始的，至元丰八年（1085 年）神宗驾崩之后渐止。新法内容主要包括三方面：一是理财，包括均输法、青苗法、农田水利法、免役法、市易法、方田均税法；二是整军，主要包括保甲法、保马法、军器监法、置将法等；三是育材，主要包括更定贡举法、太学三舍法等。就理财一项而言，笔者以为，王安石财税变法流产或失败之首要原因在于，财税变法将财税活动的具体目的等同于财税治理的终极目的。

一切社会创建各类制度的终极目的，不论古今中外，本质上讲，都是为了增进全社会和每个人的利益总量。这样，王安石财税变法的终极目的也只能是——为了增进全社会和每个人的利益总量。这意味着，不论是对王安石新法本身优劣的评价，还是对其变法得失成败的评价，都只能以此作为终极标准。否则，就会陷入相对主义的无谓争论之中。然而，王安石财税变法的终极目的或指导思想恰恰背离了这个终极目的——不是为了增进全社会和每个人的利益总量，而是从当时赵宋利益集团的特殊财政危机与社会危机出发，将财税变法的终极目的或指导思想定位在了"聚财"和"富国强兵"方面。这一变法的思想认识基础，几乎贯穿于王安石变法的始终，主张变法要以"理财"为终极目的。这一认识，王安石早在1058年的知常州任上就已经形成，他曾上《万言书》指出时弊的要害在于"患在不知法度"，"患在治财无道耳"[①]；认为"一部周礼，理财居其半"[②]；认为"自古治世，未尝以不足为天下之公患也。患在治财无其道耳。故虽俭约而民不富，虽忧勤而国不强，"[③]并提出了"因天下之力，以生天下之

---

①　[明]陈邦瞻著：《宋史记事本末》，中华书局，1977年版，第323-324页。

②　[宋]王安石著：《临川文集》（卷七十），答曾公立书，吉林出版集团有限责任公司，2005年版。

③　[宋]王安石著：《王安石全集》（卷第三十九），上仁宗皇帝言事书，上海古籍出版社，1999年版。

财，取天下之财，以供天下之费"①的治政理财原则。这样，一旦自己有机会实现早年心愿和变法理想时，就毅然决然地将这一认识作为财税变法的指导思想，将其视为终极目的，以为"凡治财赋者，则目为聚敛"。②而这一主张也正合神宗皇帝之意，乃下旨给予支持与肯定："政事之先，理财为急。"③

结果，一场轰轰烈烈的变法活动就在"聚财"和"富国强兵"的方针的指导下，伴随着王安石渴望建功立业的个人梦想，叩响了挑战财税治理终极目的的扳机，开始了抗衡财税治理基本规律的乌托邦式的大动员。问题是，一切向事物规律挑战的结果可想而知。变法不久，就由于误把财税行为的具体目的当成财税变法的终极目的而自食其果。对此，当时就有人指出，认为王安石的诸项新法就本质而言是聚敛之术，其目的在于"聚敛害民"；也有人虽然承认王安石的理财思想是兴利之道，但却是"剥民兴利"之策。事实上，这已经成为熙宁、元祐时反对王安石变法一派质疑新法的主要根据和观点。甚至从南宋至晚清，绝大多数史家和思想家也都支持这一观点。比如，丘濬在批评青苗法时就说："尚其以义为利，而毋专利以殆害哉。"④顾炎武也赞成批评王安石"趋

---

① ［宋］王安石著：《王安石全集》（卷第三十九），上仁宗皇帝言事书，上海古籍出版社，1999 年版。

② ［宋］周密著：《癸辛杂识》（续集下），道学，中华书局，1988 年版。

③ 《宋史》（卷一百八十六），食货志下，人民教育出版社，1987 年版。

④ ［明］邱濬著：《大学衍义补》（卷二十五），北京大学出版社，1992 年版。

利而不知义"的说法。① 而王夫之在《宋论》一书中对王安石变法也有同样的批判，认为："君子之道，有必不为，无必为。小人之道，有必为，无必不为。执此以察其所守，观其所行，而君子小人之大辨昭矣。""故王安石之允为小人，无可辞也。"② 当然，这并不否认王安石变法中的利民考虑，只是说，就其变法的终极目的而言，在于"聚财"和"富国强兵"，不在于增进全社会和每个人的利益总量。

因此，由于变法指导思想背离了财税治理的大道，变法虽然实现了敛财、聚财目的，但却距离财税变法本该遵循的终极原则，越来越远。因此，变法成了害民、剥民之举。正如司马光所言，这些财富"不取诸民，将焉取之"？范纯仁也在向神宗的上疏中说："王安石变祖宗法度，掊克财利，民心不宁"③，在给神宗的《尚书解》中又说："其言皆尧、舜、禹、汤、文、武之事也，治天下无以易此。愿深究而力行之！"④ 就是说"国富"的代价是民穷且贫，民怨沸腾。这个结果，其实就是变法指导思想与定位偏离大道规律的必然结果。或许，就具体的聚敛目标而言，只要手段狠，不顾长远，不顾百姓生死，敢于竭泽而渔，短期内几乎都不难实现。问题

---

① [清]顾炎武著：《日知录集释》（卷十三），宋代风俗，上海古籍出版社，1963年版。

② 王夫之著：《宋论》（卷六），神宗，上海古籍出版社，1980年版，第245页。

③ 《宋史》（卷七十三），列传，人民教育出版社，1987年版。

④ 《宋史纪事本末》（卷37），王安石变法，中华书局，1977年版。

在于，聚财不是变法的根本目的或终极目的，它仅仅是具体财税行为的目的。如果本末倒置，自会南辕北辙，走入歧途。而且，这种指导思想错误所导致的恶果还在于，在赋税使用方面更是远离老百姓的生存与生活，通常主要用于争霸战争和官僚机构的奢侈与浪费。因此，一切看似轰轰烈烈的变法，看似动机良善的变法，其实都难免流产失败的宿命。

2. 变法流产之根本原因

王安石财税变法失败的根本原因在于，其变法不过是皇权专制内部利益关系的一种重新调整而已。严格说，王安石变法根本谈不上是一种结构性、系统性的社会改革，不是对皇权专制政体本身的一次结构性改革。财税变法亦然，根本就不是一次结构性的变法。

在皇权专制统治下，社会治理根本不可能有实质意义上的人道——以民为本，有的只能是以财为本，或者说是以皇家的利益为本。这无疑是由皇权专制的本性天然决定的。因此，即使偶尔出现一些所谓的民本财税治理说法，也不过是更具欺骗性的专制统治伎俩而已。王安石变法如此，中国古代的历史的变法何尝又不是如此！当变法的终极目的被确立为"聚财"和"富国强兵"后，就已经背离了人道的最低原则——"把人当人看"了。变法最后的结果，实际上也就是对背离人道最低原则的一种自然报复。最为严重的是，在皇权专制统治下，由于惟有皇帝一人拥有自由，所有的自由，包括政治自由、经济自由、言论以及思想自由等，全体老百姓从根本上说是一点也没有的。所谓"普天之下莫非王土，率土之滨莫非王臣"。因此，在赵宋皇权专制政体下，每一个百姓都不可选择地生活于一个全面奴役和不自由的社会，这就直接违背了人道的深层原则——使人成为人原则，亦即自由原则。这样，一旦剥夺了每个百姓的全部自由，其个性就得不到充分的发挥，创造性潜能就难以得到最大的实现。有意思的是，中国古代几乎所有的变法，都是从首先选择经济变法为突破口和切入点的，王安石变法也是一样。比如青苗法、市易法等。就是可以与政治体制沾上边的保甲法，也和其经济体制改革一样，都不是朝着增大老百姓的全面自由——政治自由、经济自由以及思想自由等方面推进的。这样，本应通过不断增大全体百姓各个方面自由推动社会进步发展潜能的改革，往往就会出于专制皇权千秋万代私利的计较，使各种各样的变法最后异化为不断减少和剥夺老百姓各种自由的策略与权术。因此，短期内一些变法似可产生一定的显见成就。但长期看，由于皇权专制的本性使然，改革过程往往成为对百姓各种自由进行全面束缚和剥夺的过程。结果，往往伴随着变法的逐步推进和深入，阻力会越来越大，直至引发更大规模的矛盾与冲突，导致新一轮充满血腥的权力角逐，破坏社会总体财富的持续性积累。而且，就中国古代大大小小的所谓变法而言，无不是皇权全面掠夺式的变法。究其根本原因，正如黄仁宇先生所言，中国政治"决不愿私人财富扩充至不易控制的地步，为王朝的安全之累"①。因为自由是专制天然的劲敌和掘墓人。这样，传统体制内的任何名义下的所谓变法，无不是以皇权的认可与容忍为前提的。王安石的财税变法同样如此。所谓的变法，其目的无非是为了不断增加皇权在全社会财富总额中的比重，以便持续性巩固皇权的统治基础。

在皇权专制下，全社会的言论自由更是无从论及。王安石变法后，即围绕新法是"利民"还是"害民"展开了争论，形成了一场最大的政治角力，政见不同的臣僚纷纷发表看法。结果，王安石主持政局后，立即对这些部门进行了大清洗：逐谏官、罢谏院、排中丞、撤中丞、贬御史，等等。《宋史·王安石传》就列举了熙宁元年至四年被王安石罢免的十九位台谏名单。同时，王安石引进了同党李定、薛昌朝、谢景温，等等，可以说，基本封杀了反对的声音。这样，就在轰轰烈烈的变法期间，形成了"台谏之臣，默默其位而不敢言事，至有规避百为，不敢居是职者"，或者是执政大臣"专用其亲爱之人"为台谏官，"或小有违忤，即加贬逐，以惩后来，必得佞谀之尤者，然后为之"②。在这种功利目的前提

---

① 黄仁宇著：《万历十五年》，自序，三联出版社，1997年版。

② 汪圣铎：《王安石是经济改革家吗？》，《学术月刊》（北京），1989年，第6页。

下引进的台谏，往往察言观色、见风使舵；有的则扛着一个拥护变法的大招牌，行灭杀政敌、搜刮民财之事。如"乌台诗案"中陷害苏轼的李定等。而且，王安石还振振有词，以为真理在握，认为"天变不足畏，人言不足恤，祖宗之法不可守"。[①] 而且，王安石不仅对上层官场进行清洗，对下层老百姓的言论也进行封堵。为了防止百姓不满，熙宁五年春正月，朝廷下令在首都设置逻卒兵丁，对百姓实行"监谤"，不许乱讲新法如何。"深疾谏者，过于仇雠；严禁诽谤，甚于盗贼"，"潜遣巡卒，听市道之人谤议者，执而刑之。"[②]

可见，在皇权专制下，一切"法"，不论是旧法还是新法，都经不起拷问。王安石变法中的"法"同样如此。王安石变法之法，是一种仅具有皇权强制力的必须性的权力规范，王安石变法中的"法"，因为皇权专制政体的原因，它仅仅反映的是皇帝一人的意志，不是广大老百姓的意志。因此，尽管熙宁元年 (1068 年)，王安石调入京师后，宋神宗曾谦虚地说："朕自视眇躬，恐无以副聊此意。可悉意辅朕，庶同跻此道！"[③] 并在孙固、唐介等力言王安石不可任相的时候，就于次年以

---

① 吴泰：《熙宁、元丰新法散论》，（《宋辽金史论丛》第一辑），中华书局，1985 年版。

② 吴明用：《悲剧从丢失民心开始——北宋王安石变法思考》[OL].http://bbs. chinaunix.net/viewthread.php ？ tid=661787.

③ 徐昌强：《试论王安石变法与张居正改革成效不同之原因》，http://www. souku.com.cn/viewtitle.jsp ？ url=63769220.

其为参知政事主持变法。但在反对派声势高涨时，神宗则为了皇权统治的"大局"，怀疑王安石变法的效果，对变法开始动摇。以至于看了韩琦指责青苗法的上疏后，对王安石等执政大臣说："琦，真忠臣！虽在外，不忘王室。朕始谓可以利民，不意乃害民如此！出令不可不审！"① 不难想象，在"天下无不是的父母""君要臣死，臣不得不死；父要子亡，子不得不亡"等皇权专制政体和意识形态下，皇帝拥有绝对至上的权力和特权，而老百姓只有纳税的义务，权利根本无从谈起。其结果，一切变法，往往都成为皇权肆无忌惮地横征暴敛的公开借口；杀鸡取卵，竭泽而渔，也就成为中国历史上的一道特有风景。而本意也许考虑过百姓生计的变法，往往因为危害百姓生活而最终招致百姓的遗弃，被后世屡屡诟病。这也几乎成了一切变法者不得不认领的必然性的悲剧宿命。

3. 变法流产之核心原因

由于王安石财税变法的政权基础是宋氏皇帝专制，惟有皇帝一个人可以不受限制地独掌国家最高赋税权力，自然就违背了平等人权原则。毋庸讳言，在王安石时代，国家的最高赋税权力无疑是完全掌握在专制者神宗一个人手里，每个老百姓的税收经济平等以及机会平等权利能否实现，完全取决于专制者神宗的个人意志。只有神宗皇帝一个人才拥有国

---

① ［清］毕沅：《续资治通鉴》（宋纪六十七），熙宁三年（辽咸雍六年），文物出版社，1979 年版。

家全部的最高赋税权力，所有老百姓，包括依附皇家的官僚集团，严格说来，拥有的最高赋税权力都是零。这无疑是一种最极端的政治不平等。可想而知，在如此政体下所推行的一切财税改革，自然不可避免地要受制于皇权专制的掣肘，财税变法是一种皇权专制体制内的自我调整，只能是一些枝节性的技术层面的调整，根本不可能有什么结构性的改革，更谈不上现代意义的财税改革了。

也正因为如此，不论王安石财税变法的动机如何高尚，个人如何敬业和努力，新法在形式上多么完善，等等，都会因为皇权专制政体本身违背公正和人权等大道原则而难以实现其预期的变法目标。最多只能达成一些具体的短期的目标。比如聚财，缓和局部阶级冲突与矛盾等。这就造就了中国历史上特有的社会兴衰周期性变迁的规律——黄宗羲定律怪圈，即所谓的"四多四少"现象。一是对农民取得过多，给予得过少；二是财政体制集中过多，分权过少；三是对农民管制过多，放活过少；四是人治管理多，法治管理少。[1] 如此，由于财税变法背离了民生，广大老百姓就不可能成为变法的最终受益者，反而会成为那些借着变法名义更加严酷剥削的对象。结果，直到忍无可忍，人数规模增大到一定程度，就会制造出一批新的造反的农民英雄，扯起"均贫富"的大旗，趁机

---

[1] 傅光明：《走出黄宗羲定律怪圈的四大障碍和对策（上）》，《咨询与决策》，2003年，第10期。

反抗朝廷，开始新的改朝换代的权力赌博；就会揭竿而起，以暴易暴，打断全社会的财富积累链条，一切推倒，从头再来。北宋王小波、李顺起义的口号就是："吾疾贫富不均，今为汝均之"[①]，综观中国历史，几乎所有农民起义领袖及其改朝换代的争霸，无不以此为口号动员老百姓。这个口号宣称的实质，就是老百姓为了争取最基本、最起码的生存与发展的权利，包括机会平等的基本权利。几千年来中国社会周期性动荡规律无不说明，皇权专制对人权和平等权利的蔑视，只能引发一次又一次的周期性动荡。这就使得中国社会的发展始终缺乏一个相对稳定坚实的结构性基础，只能在跷跷板式的摇摆中不断寻找暂时的平衡，但却无法从根本上摆脱周期性动荡的宿命。

皇权专制对人权和平等权利的蔑视，集中体现在不公正的权利与义务关系方面。一方面，皇帝几乎拥有一切权力和权利，不仅垄断着全社会的物质财富和精神财富，而且包括每个老百姓的身家性命。这样，皇帝及其官僚集团，几乎享有和行使着全部的特权，只对老百姓承担极少的义务。就是承担了一些对老百姓的义务，也大多是从皇家利益最大化考虑的结果，是一种从"流寇"到"坐寇"的利害计较。通常的情况是，在王朝初年，由于有前朝败亡教训的警示，大多

---

① 曾巩著：《隆平集》（卷二十），上海古籍出版社，1981年版。

尚能遏制掠夺之欲，收敛奢侈浪费之心。但到了王朝中期，由于新天子的权力合法性受到挑战，为了继续一家一姓的统治，新皇帝就自觉不自觉地不断扩大官僚集团的规模，结果导致冗官日增，消费支出规模越来越大。王安石财税变法，也是出于同样的理由，收获同样的结果。另一方面，就广大老百姓而言，则只有义务，毫无权利，只是供养皇家及其官僚集团财富的会说话的奴隶，只是赋税义务的全部承担者，只是实现皇帝争霸野心的人肉工具。因此，逻辑的推演是——对老百姓而言，只要为了皇帝，任何人都有献身和流血牺牲的义务，都必须有钱出钱，有力出力。而一切变法，都是围绕皇权的稳定与千秋万代这个中心展开的。

4. 变法流产之关键原因

总而言之，历史的悲哀在于，两千多年来发生在中华大地上的一切变法和改革，不论是政治的、经济的，还是社会的，几乎鲜有成功者。究其关键原因，就在于皇权专制政体本身的极端恶劣性，在于专制皇权本身无法遏制的腐败基因，在于这些变法和改革，几乎都是在挑战社会治理——增进全社会和每个人利益总量这个终极标准；在于无视人道自由原则，在于违背平等人权原则。因此，一切看似为民谋利的变法与改革，无不是戴着专制的镣铐在自我折磨与自慰。其命运大同小异，其效果大多成为加剧扰民害民恶行的制度性借口。就新旧王朝的更迭交替规律看，中国历史上的每一次变法和改革，都无法摆脱专制体制内在恶劣性的诅咒，只能在"你方唱罢我登场"的血腥杀伐中实现龙椅的交换。其结果正如程亚文先生所言："既得利益者对国家造成的灾难，除却吸干了国家的公共财政、制造了阶级和阶层对立外，同样重要的是，也阻碍了国家的发展。而一个国家的内部安全，不仅维系于国家的财政收入，而且维系于国家能不能向前发展，发展利益对一个国家来说，就是未来的生存利益。"[①]"兴，百姓苦；亡，百姓苦。"这就是王安石财税变法流产和失败的最大教训与启示，一切试图挑战或逃避人类社会治理大道的变法和改革宏愿，都无法破解流产或失败的魔咒，都终将成为减少全社会与每个人利益总量的大灾难。

---

① 程亚文：《读史札记历史为什么轮回？》，http://www.0513.org/html/200509/2005091717124264.htm.

第三辑

他乡税者

让·雅克·卢梭的税缘

　　任何伟大人物的成长成熟，都要承纳世间万事万物的呵护、关爱与滋养，并要遭遇冷遇、拒绝和遗弃。生活总是从正反两个方面锤炼他，磨砺他，塑造他，让他与万物结缘，与一切生命相聚相散，与一切或偶然或必然的事件相识相望。

　　伟大而可怜的让·雅克·卢梭同样未摆脱这样的命运、这样的际遇，以及形形色色的或悲或喜的遭遇。

　　他自 1712 年在法国日内瓦的一个小市民家庭诞生以来，悲惨之魔和幸运之神就一刻也没有离开过他。自幼丧母，没接受过任何正规教育，曾在法院书记官家作徒，学过雕刻，当过仆人、家庭教师、音乐教师。曾经四处漂泊，饱受生活磨难。

　　但他直面苦难，化苦难为财富，为人类文明奉献了丰硕的成果。他临近"不惑"开始著述，以一篇应征论文《论科学和艺术》发轫起步，在以后的 28 年中，先后为人类贡献了《论法国音乐的信》《论不平等》《就戏剧问题致达良贝尔的信》《新爱洛伊丝》《爱弥儿》《社会契约论》《致博蒙大主教的信》《山中来信》，以及在他逝世后出版的《忏悔录》《对话录》《一个孤独的漫步者的遐想》等著作。他在世时，敬仰他的人称他为"平等之友""精神的导师"，憎恨他的人则说他是背叛上帝的魔鬼，是制造社会动乱的肇事者。

无论怎样，在今天看来，卢梭给予我们的实在太多。思想家、文学家、音乐家的桂冠对卢梭来说，的确当之无愧。

他的一生，几乎完全由苦难写成。在短短的66年岁月里，受到了一连串的迫害和攻击，加上他天性极端敏感和阴郁的性格，差点将他带到疯狂的边缘。但他没有退缩，哪怕多舛的命运再恶劣再悲惨再凶恶，他都挺了过来。

面对那些悲惨命运的迫害，卢梭之所以能够坚定地挺过来，固然有他天生就具备的敢于直面苦难的坚强意志，但人世间弥漫的同情、怜悯、感恩等伟大而神性的阳光雨露的滋润也万万不可忽视。其中，三次偶然触税，与税务结缘，就曾经给了拮据窘迫、失意沮丧、走投无路的卢梭及时而切实的支持，使他逃离了尴尬和狼狈，走出了痛苦和无助。可以说，在卢梭给人类伟大而丰厚的贡献中，税务曾经有过也许微不足道但却不可抹杀的善举。

卢梭的第一次触税，大约是在1742-1743年，这期间，他到科学院宣读了论文《关于新的音乐符号的设想》，但被科学院的一个委员会否定。无奈之下，他诉诸舆论，由公众评说，并且自己花钱出版了他的《论现代音乐》小册子。但舆论反应平平，卢梭一下子泄了气，"开始节省开支，咖啡不喝了，戏也不看了，到卢森堡公园散散步，默诵维吉尔和让—巴普蒂斯特·卢梭的诗——用这个办法来消磨时光是不花钱的"。这期间，他与伟大的思想家、百科全书派重要人物丹尼·狄德罗一见如故，建立了诚挚的友谊，并持续了15年。在一位耶稣会教士——卡斯特尔神甫的点化下，他主动拜访了杜宾夫人一家，杜宾夫人的母亲是一位演员，父亲是金融家萨穆尔·贝尔纳；她的丈夫原来是一个步兵上尉，现在是税务总监，这就是卢梭的第一次触税。但这次触税的时间实在太短，原因是年轻的卢梭爱上了杜宾36岁的漂亮夫人。被杜宾夫人拒绝后不久，他在阿拉利神甫的帮助下找到了一个使馆秘书的差事。这次触税的时间虽然短暂，但对卢梭而言，正是在这里，卢梭度过了事业的低谷期，获得了生活的自信，暂时摆脱了经济的拮据，从过去不切实际的幻想中回到了现实，走向了自己生命的又一个高地，开启了又一段色彩斑斓的旅程。

第二次与税务结缘，是在1752年。这一年，他说他找到了自己该走的道路，他希望自己一身自由，自己安排自己的生活，不受任何约束，做自己想做的事情。然而，命运似乎故意和他过不去，他的肾绞痛愈来愈严重，又没钱做手术，医生说他最多只能活六个月。倔强的卢梭对此并不以为意，他认为，尽管只有六个月，也要活得很庄严。他辞去了有薪水的秘书职务，去当按页数取酬的乐谱抄写人。坚决不依靠任何人，既不干"只拿工薪而不办事"的闲差事，也不申请什么年金，更不靠写作谋生。他决心扔掉一切假面具。但已经成为新闻人物的他，事实上始终被媒体追逐着。为了逃避这一切，他只好溜到帕西，去看望弗朗索瓦·缪萨尔。在此期间，他结识了阿尔萨斯财政区税务局局长杜宾·弗兰克耶。在朋友梅斯和局长的一再邀请下，卢梭接受了去税务局出纳处当职员的差事，主管登记账目和银钱收支的工作。从本意而言，卢梭不愿意干这个工作，但他经不住朋友的再三催促，以及黛莱丝和她母亲喋喋不休的唠叨。然而，出于天性和观念的原因，卢梭只干了几个星期的出纳处工作就辞了，因为他讨厌记账和收支银钱的繁重工作。不过，正是在这期间，卢梭又一次获得了成功，体验了人生的又一次大快乐。《乡村巫师》演出的巨大成功，使得奥蒙公爵主动提出要带他去拜见国王，但卢梭借故推辞，代价是与一笔足以让他一生不为生活发愁的年金擦肩而过，与最要好的朋友狄德罗不欢而散。这一次，卢梭是为了捍卫他的信仰而选择了告别税务，他走得很坚决，也很潇洒。

最后一次与税务结缘是在 1765 年。这一年，卢梭 53 岁。这一年，卢梭极为不顺。头几个月，每星期都有批判驳卢梭的书、小册子和文章出现。他的《山中来信》不只是在日内瓦闹得沸沸扬扬，在巴黎，马布里神甫说他是一个危险的搬弄是非的人。格里姆说他的《山中来信》简直是"荒谬的谎言和疯狂的诽谤"之集大成等，一切厄运似乎都悄悄向他走近。尽管他始终表现得为人厚道，关心穷人和病人，但德蒙莫兰牧师却千方百计在讲坛上抨击他，说他是死不悔改的人，甚至在萨哈森的鼓动下，信口雌黄地说他是"反基督的，说他污蔑女人没有灵魂，终于，事情到了难以收拾的程度"。此时，一位朋友劝他到圣皮埃尔岛避一避。然而，还未等可怜的卢梭离开，事情又急剧恶化。他走在路上就有人低声骂他；散步时，就有人向他扔石头；晚上也有人扔石头，"石头像雨点似地打在他的窗子上"。有几个农民甚至扬言要一枪打死他，对卢梭的辱骂逐步升级到要谋害他。哪怕是布置了警卫，对事情进行了调查，结果也是白耗精力，查不出是谁干的。绝望中的卢梭不得不选择离开莫蒂埃，来到圣皮埃尔岛。圣皮埃尔岛风景宜人，岛上有草地、果园、松树林、桦树林和葡萄园，只有一座房子，住着税务官昂热尔一家。岛上的生活十分安静，只有采摘葡萄的季节才有喧闹声和笑声，税务官昂热尔一家人非常朴实。税务官昂热尔一家热情接待了逃亡中的卢梭，卢梭在圣皮埃尔岛过得十分愉快。他每天下午泛舟湖上，随波逐流。"他远远地离开了那些迫害他的人，他现在已经没有时间概念，无所谓昨天或明天，永远都是安闲的今天。"他喜欢和税务官昂热尔一家人一起去划船，共进晚餐。如果有不速之客打扰他，他就从房内的一个暗梯逃出去，躲到树林里，有时就干脆爬到枝叶茂密的树上藏起来。这样惬意的生活让卢梭念念不忘，他在《忏悔录》中这样写道："想今生一辈子都这样生活。"在给朋友的一封信中他说："如果人们不来打搅我，我决定在这个岛上定居，直到我的生命和苦难结束的那一天。"在这里，他完成了《第五次散步》。然而，被教会煽动起来的人们，是决不允许他过安静日子的。实际上，卢梭只在圣皮埃尔岛待了几个星期，他要在这里过一生的梦想就又一次破灭了。最后，他不得不怀着沉重的心情离开了圣皮埃尔岛，离开了法国，离开了朋友和这片留着他许多回忆的土地，去到一个语言不通，需要他改变生活习惯和生活方式的陌生地方去冒险。好在，有一个同样伟大的朋友——休谟，一路上热心关护着被病痛和迫害折磨得筋疲力尽的他。

伟大而可怜的让·雅克·卢梭离开我们已经200多年了，他为人类、为我们奉献得实在太多。想想我们从他那里获取的精神滋养，在为那个时代人们对卢梭的误解与迫害感到汗颜和愤怒的同时，也为税务和呵护过、关爱过卢梭的一切正义而善良的人们感到由衷的敬意。一切伟大而优秀的灵魂和思想者，都渴望同样伟大而善良的人们给予无私的滋润。

写于 2003 年 7 月 9 日

怀念税官伦理学家爱尔维修

　　知道爱尔维修的人并不多，因为他是法国唯物主义哲学家；知道爱尔维修是一代伦理学大师的人更少，因为他被唯物主义哲学家的头衔遮蔽；知道爱尔维修是税官伦理学大师的人就少之又少了，因为他思想家的光环格外眩目。事实上，伦理学是爱尔维修毕生孜孜以求、矢志为之献身的伟大事业。

　　1738 年，23 岁的爱尔维修做了国家包税官，这一做就是整整十三年。十三年间，是税务的平台，让他有机会了解到法国"第三等级"（资产阶级、工人农民及小手工业者）的生活，看到了国王统治的昏聩。爱尔维修做国家总包税官的十三年间，正是法国封建专制末日来临时的穷凶极恶期，"第三等级"的人们正生活在水深火热之中，迫切需要改变社会现状。可以说，爱尔维修通过税务，最直接地感受到了第三等级人民的现实疼痛和迫切需求，也是那种苦闷和窒息却蕴藏着资产阶级革命生机的氛围，直接催生了他对社会对人生对道德问题的深层次思考，从而造就了一代大哲学家和伦理学家爱尔维修。

　　不难想象，假如没有税务这个让爱尔维修接触和感受现实疼痛的职业平台，他所拥有的一切自然优势：作为宫廷医生的父亲，富裕的家庭，良好的教育，家里丰富的藏书，等等，都有可能被生生地闲置和浪费。

令人好奇和不解的是，作为一个有着强烈独立意识和思想的青年，他是怎样在税务这个以事务为重要职业特点的行业里生存下来、坚持下来，并且一蹲就是十三年。拭去历史的尘埃，尝试着回到爱尔维修曾经工作和生活的环境和场所，我们可以设想支撑爱尔维修坚持下去的种种有利的因素：具有自由精神传统的法国，哪怕是在以事务为重要职业特点的税务行业里，也弥漫着滋养和容忍自由思想精神的空气，就是这点自由的空气，使爱尔维修虽然艰难但却得以从容地生存下来，充分运用税务提供给他的这个得天独厚的前沿阵地，积累了对社会、对人生、对道德问题思考的情怀和智慧，坚定了终身从事伦理学研究的信仰，为以后的厚积薄发打下了坚实的基础；也许，爱尔维修良好的教养和知识储备，深得他一位上司的垂爱和赏识，上司接纳、支持和保护了他，为爱尔维修提供了诸多接触和了解社会的机会，使爱尔维修可以摆脱日常繁杂的事务，全身心地投入到对社会、对人生、对道德的思考中去。这样的人不是没有，但是可遇而不可求，也许机遇特别垂青爱尔维修，他遇上了，而且把握住了；也许，在一切催生爱尔维修成为一代伟大的思想家和伦理学家的诸多要素中，他个人的天赋、悟性和能力是最重要的，但是，我们相信，作为唯物主义者的爱尔维修是不会认同这个结论的。站在二十一世纪的起点，今天的我们，甚至不敢想象，假如当年的爱尔维修面对的是另一个环境，比如，缺乏基本的自由思考气氛；又比如，他遇到的是一位非常残暴霸道的上司，总是对他的工作挑三拣四，只需要他的"奴颜婢膝"；又比如，他的同事将他视同"另类"，总是以嘲讽的口吻，挖苦的表情，以及种种或明或暗的形式对他进行精神的迫害，那等待爱尔维修的命运，绝不会是思想家、伦理学家的光环。因为，一切高级的生命对生存环境的要求都相对苛刻，更何况一颗高贵而伟大头颅的思考环境。好在，爱尔维修是幸运的，税务滋养了他，他最终也回报了税务曾经给予他的呵护与关爱。那些同样伟大而胸怀宽广的上司、同事，也因为他们的善举而拯救了自己，提升了人生的境界。

终于，在当了十三年的包税官之后，爱尔维修坚持不下去了。以寻求真理为己任的他，不得不放弃了包税官的职务，全身心地转入直接的思想著述生涯，加入到他曾经喜欢的蒙台涅、洛克·拉·洛席福科等伟大的思想家的行列。从此，法国税务少了一个包税官，但人类思想的星空却增添了一颗耀眼的巨星。

1758 年 8 月，也就是在爱尔维修告别包税官 7 年后，43 岁的他发表了伦理学著作《论精神》（De L'Esprit）一书。不幸的是，该书出版一个多月后，就遭遇法国当局和教会的迫害和围攻，9 月 1 日，《论精神》被全部焚毁。在万般无奈的形势下，爱尔维修不得不写了放弃自己见解的声明，从此在思想界销声匿迹。

他的长时间的沉寂，带来了思想界的纷纷猜测甚至嘲笑。然而，就在他的恩师伏尔泰都挖苦他用来执笔的那三个手指已经失灵的时候，他却怀揣十三年税务给予他的丰厚滋养，顽强地撰写着《论人的理智能力和教育》（De L'homme，简称《论人》）一书。在这本书里，他坚决地申明：我并不放弃我在《论精神》那部书里建立的那些原则，这些原则在本书中运用得比《论精神》那部书中更加广泛、更加深入。遗憾的是，这部伟大的著作连同另一部伟大的著作《幸福论》，都是在他死后才得以正式出版。

爱尔维修给予人类伦理思想界的最大贡献可以从法国皇家律师对他的诋毁言辞中看出。皇家律师攻击爱尔维修"维护唯物主义，消灭宗教、鼓吹自由思想，促使道德败坏"。这倒从反面概括出了他的伦理思想的精华。

爱尔维修一生相信"开明的群众，是唯一认识真理的全部价值的"。他认为，天生的智力在所有的人那里都一样，一切正常的人，都能够做同样的事情。追求幸福是人的本性，是一切人都会做的事情。他那些让法国当局颤抖和震惊、让"第三等级"人民猛醒的思想言论，和法国诸多思想家的伟大的呐喊一起，照亮了十七、十八世纪被法国封建专制统治者和教皇把持着的思想界，为法国大革命酝酿了空前的精神力量。他在《幸福论》一书开篇中宣言：利益是我们判断各种行为的根据，它使我们注意每一行为对于公众是否有利、有害或无关，因而判断它是道德的，或者过恶的或者被容许的。同样，利益也是我们用以判断各种观念的根据。面对支撑封建专制主义大厦的利他主义伦理思想，他毅然决然地高举起合理利己主义的大旗，向虚伪的利他主义伦理思想发起猛攻，以前所未有的杀伤力，对利他主义伦理思想进行结构性爆破。爱尔维修那些意在戳穿封建专制道德基础虚伪性的思想，在引导法国人民看透封建统治和教会势力的狼狈勾结，沆瀣一气的思想解放运动中发挥了不可低估的作用。

爱尔维修宣扬的合理利己主义道德观，"是对中世纪封建的宗教的道德的公开大胆的反叛和挑战。他引导法国人民看透封建统治者以宗教作为巩固自己权力的护身符的本质和宗教势力宣扬神权、皇权愚弄人民，借助封建统治者寄生在"尘世"，分享专制权力的本质。他强烈地谴责封建专制者依赖神的灵光强迫人民消灭欲望，不关心现实生活，诱骗人们漠视尘世幸福，寄希望于虚幻的未来的虚伪道德。他痛斥说："不要在顽固地毁情灭欲了，这是一个国家的生命原则。"这些战斗的呐喊，沁人心脾的剖析，无疑是划破中世纪漫漫黑夜的电闪雷鸣。

当然，爱尔维修所主张的合理利己主义思想未必全都是真理，其理论上的缺陷缘于历史背景的苑囿是显而易见的。但无可否认的是，他的整体伦理思想是反映了受压迫和剥削的第三等级革命要求的，为以后的思想发展提供了有价值的内容，也因此得到了马克思和恩格斯的肯定和赞赏。他像研究自然科学那样研究道德学的态度、精神，使他在人类伦理思想史上成为一代大师级的人物。他那"我们应当像研究其他各种科学一样来研究道德学，应当像建立一种实验物理学一样来建立一种道德学"的理想和精神，不知激励了多少后世的伦理学家在人类道德田野里辛勤耕耘。

爱尔维修已经离开我们 232 年了，在他诞生 288 周年纪念之际，写下这些算作纪念的文字，聊以告慰作为税务官的我们——税务曾经为人类贡献了一位伟大的伦理学家，这是税务的自豪，也是税务的荣耀。在所有思想家中，现有资料告诉我们，只有爱尔维修是税务出身，而且一干就是十三年。十三年的税务经历，足以在他生命的最深处留下最深刻的烙印。

爱尔维修，这个十七、十八世纪欧洲整个思想界格外耀眼的星辰，不仅为人类伦理思想的夜空增添了一颗璀璨的明星，也因为十三年的税务生涯，让税务这个古老而世俗的行业载入了人类伦理思想的史册。

写于 2004 年 1 月 6 日

梭罗为何拒绝交税

1846 年 7 月的一天晚上，当梭罗进城到一个鞋匠家中要补一双鞋时，忽然被捕，并被监禁在康城监狱中。原因是他拒绝交人头税，反对美国侵略墨西哥的战争，而他拒绝交税已经有六年之久。他在狱中住了一夜，一点也不在乎。第二天，因他姑妈代他付清了人头税，才被释放。出来之后，他还是到鞋匠家里，等补好了鞋，然后穿上它，又和一群朋友跑到几里外的一座高山上，漫游在那什么州政府也看不到的越橘丛中——这便是梭罗有名的入狱事件。

梭罗之所以拒绝交税，是因为在他看来，政府用他缴的钱去支持战争（美国人欺负墨西哥人）及黑奴制度，有违他的个人良知，他要以他自己的独特方式，投身于这场政治斗争，即用立即的、反抗的行动来抵制他认为是错的法制。他说："面对不合理的法制时，我们应该盲目地遵从吗？还是暂且遵从，同时慢慢地循合法途径去改革？还是立即反抗，来抵制、破坏这个法制？"他说："盲目地遵从是最低级的愚蠢。不必考虑。寻求改革途径，时间拖得太长。人生有多少日子？又不是吃饱饭没事干，一天到晚绿头苍蝇似的去改造社会。

人生在世是为了生活，不是为了改革。所以对付一个不合理的制度，最好的办法就是立即抵制。"随后不久，他就发表了著名的演说——《论公民的不服从》，表示了他的立场。而他倡导的非暴力反抗 (Civil Disobedience) 的思想也对印度的圣雄甘地、法国的罗曼·罗兰，以及俄国的托尔斯泰都曾产生过不小的影响，也因此成为美国民主精神的一个重要组成部分。

他在《论公民的不服从》一文中写下了在今天看来依然充满智慧和力量的文字，这些饱含疼痛的、愤慨的、理性的、冷静的语言，至今仍然是人类思想长河中的惊涛巨浪。他在陈述自己因为拒绝交人头税而蹲监狱的事件时，特别平静和理性，他说："这一夜躺在牢里，我仿佛在一个遥远的国度里旅行，那是我从未料及的旅行。""我足有六年没缴人头税。因为这个我被关了一夜；而且，当我面对那两三尺厚的坚固石墙，那一尺厚的铁皮木门，以及那扭曲了灯光的铁栅，我不禁震惊于如此待我的制度之愚，就仿佛我只是具被囚禁的血肉之躯一般。我想，它准把这当成了待我的最好措施，而从未想到过，某种方面它倒是对我有益。"究其根源，因为"我没有责任叫社会机器正常运转。我不是工程师的儿子。我想，若有一粒橡树子和一粒栗树子并排落地，它们都不会谦谦礼让，而是都服从自身的法则，尽力生长、开花，直到一个到头来遮蔽压倒了另一个。若植物按其本性无法生存，就随它死掉好啦；而人也一样。"因此，对于姑妈代他交税一事，梭罗一点也不领情，近乎不近人情。

岁月如梭，光阴似箭。当人类已经步入 21 世纪的今天，我们仿佛听到他的耳语：要警惕征税权力！否则，征税权力会异化成吞噬我们的一头怪兽。

（原载 2005 年第 8 期《陕西税收与社会》）

税官托马斯·潘恩追忆

1809 年 6 月 10 日的《纽约邮报》上发表了一则"笔调轻薄，令人难以置信"的消息："昨天，他葬于西切斯特县新罗歇尔附近，可能是在他自己的庄稼地里。我不知道他的年龄，不过他活得也够长了。他做过一些好事，可更多的是坏事。"而送葬队伍的凄凉，胜过任何一个平凡普通的人，只有六个人，其中还有两名黑人。据他的法国房东波纳弗尔太太回忆，他下葬时的萧条场面简直让人揪心："当棺木落地，墓土撒上时，我站在墓穴的东端，让我的小儿子站在西端。环顾周围寥寥的旁观者，我说：'啊，潘恩先生，我的儿子站在那儿，代表美国向您致谢。而我，则代表全体法兰西人民！'"墓志铭是潘恩自题的——《常识》的作者托马斯·潘恩之墓。莽莽旷野，阴云低垂，比以往任何一次葬礼都凄凉的情景终于凝固成历史的一个瞬间，只有一妇一孺在代表美法两国向这位美利坚合众国的命名人和《人权宣言》的起草者致哀。这一幕，成为日后美法两国百年难洗的共同耻辱。

这个被葬埋的人，就是我们的同行——举世敬仰的世界公民——托马斯·潘恩！

1. 光荣

托马斯·潘恩 1737 年生于英国诺福克郡的一个小镇——塞特福德，父亲是教友派信徒，母亲是英国教教徒。潘恩自小就跟随父亲学手艺，由于家境贫寒，他只在家乡的小镇读过几年语法学校。他先后做过店员、胸衣匠、教员和税吏，早年就屡遭失业和饥饿的威胁。他曾两度结婚，但结局都很悲惨：一次丧偶，一次离异。因此，在《常识》发表之前，他一直把自己的姓写成"Pain"（痛苦），以示对英国社会的抗议。

托马斯·潘恩的命运转机，始于 1774 年。1773 年他不满工资过低，撰写《税务官员的状况》，后来在他的带领下，组织了一次下级税吏向议会要求增加工资的请愿，随后就被英国当局解雇。正是在伦敦请愿时期，他与北美殖民地驻伦敦代表富兰克林结识。富兰克林十分赞赏他，认为潘恩是个"有独创精神的高尚青年"。请愿失败后，无奈的潘恩，于 10 月份带着"富人的财产就是另一些人的灾难"结论，离开了他日益仇恨的英国，流亡北美。到达美国后，因为有富兰克林推荐，他一到美国费城就在宾夕法尼亚杂志社工作。从此，托马斯·潘恩也全面进入自己人生的光荣与不幸。

1776 年 1 月 10 日，潘恩在罗什等人的鼓动下，匿名发表了惊骇世俗的小册子——《常识》，它的出版振聋发聩，犹如划破黑夜的枪声，未出三个月，就发行了 12 万册。至今，

总销售量已经达 50 万册以上。《常识》被誉为改变美国的 20
本书之一，是继《圣经》后影响力最大、范围最广的一本书，
整个现代世界、整个现代政治文明都从这本书里得到过启
蒙。在当时 200 多万北美居民中，几乎每一个成年男子都读
过或者听过别人谈这本小册子。在当时的许多乡村，如果有
幸拥有一本藏书，那自然是《圣经》，如果拥有第二本，那就
是《常识》。在许多陆军士兵的背囊中，都有一本读得皱巴巴
的《常识》。历史学家们发现，在《独立宣言》中强调的那些
民主原则早已为《常识》以更酣畅淋漓的语调阐述过。《独立
宣言》的那位作者也曾坦率承认，他引用过《常识》，并对此
"引以为荣"。《常识》一书对推动北美人民走上公开独立道
路，发挥了不可估量的作用。在潘恩到达美国之前，北美事
件只是逐步走向武装抗英的高潮，当时的北美人也没有下决
心独立。或者说，当时的北美大陆只有战争，没有革命。战
争只是在潘恩的《常识》发表以后，才获得了近代意义上的
革命内容和划时代的历史地位。时过 200 多年，历史学家仍
在称赞这本书："1776 年《常识》一书把国王和议会的权威撕
成了碎片……从那以来，除《汤姆叔叔的小屋》外，在美国，
再也没有一个出版物曾发生那样巨大的反响"。而《常识》一
书，并不是具体评论北美与母国的关系，而是分析人类组建
政府的各项原则，攻击包括英国制度在内的各种君权制、世
袭制。潘恩后来说："美国的独立如果不曾伴随一场对政府原

则和实践的革命，而单从它脱离英国这一点来考虑，那就微不足道""我本人对它就不会有这样经久不息的热情。独立之后，继续前进，建立具有示范意义的政治制度——才是我写作时考虑的首要原则"。他还喊出了共和的新口号："让我们为宪章加冕，北美的法律就是国王！"以这一口号为标志，独立战争的内涵获得了崭新的意义。北美人民从此意识到自己肩负的历史使命——他们不仅仅是为十三州本土而战，而且是为开创近代民主制——共和政体而战，为开辟资产阶级民主革命的新时代而战。这样，长期纠缠不清的独立是否合法、共和是否可取的论争也就此结束，战争的前景迅速廓清，北美斗争上升到第三阶段——资产阶级民主革命这一最高阶段。他把独立和共和联系在一起，把一个区域性的民族战争和资产阶级政治制度史上的共和时代联系在一起，把北美斗争推上了时代的最高峰，也为后来的法国革命奠定了实践典范——这才是潘恩发表《常识》一书所获得的最重要的历史功绩。而这一功绩，是同时代的任何政治家和思想家都难以比拟的。

《常识》一书出版后，潘恩投笔从戎，加入格林将军的志愿部队，上前线作战。1776 年 8 月，英军在长岛登陆，继而占领纽约。而美军则一退再退，士气十分低落，纪律松散。在战局危急、民族垂危的情况下，潘恩应华盛顿的请求，又一次拿起了他的利笔，在行军旅途中，以《美国危机》为题，连续写出多篇战斗的檄文，鼓舞士气。他屈着膝盖，在一面行军鼓上写下了以下催人奋进的语句："这是磨炼人的灵魂的时候，能共享安乐而不可共患难的人，在这场危机中将在为国服务中退缩，可是现在能够抗住的人，应该受到男男女女的热爱和感谢。暴政同地狱一样是不容易征服的。但我们可以此安慰自己：斗争越艰苦，得来的胜利越光荣；得来的胜利越便宜，赢得的尊敬就越小。"华盛顿命令：集合全体官兵，向他们宣读这篇文章。1776 年圣诞之夜，在潘恩檄文的激励下，美军一鼓作气，连夜渡河作战，取得了特仑屯战役的辉煌胜利。

如果说《常识》是托马斯·潘恩对美国的贡献，那《人权论》一书就是潘恩对法国大革命的最大贡献，也是他一生中最重要的著作。1791 年 3 月，他在伦敦出版了《人权论》，激烈抨击柏克的《法国革命感言录》，结果，引起大西洋两岸舆论界的轰动。《人权论》不是简单地阐述法国革命的合理性，而是在一个比柏克视野更为广阔的背景下，突出勾勒法国革命的划时代意义，它冲破了当时笼罩于整个西方思想界对英国君主立宪制体的迷信，深入骨髓地批判了这一政体，给当时还处于摸索状态的法国革命指明了共和主义的崭新方向。《人权论》一书在法国激起的反响一如当年《常识》在美国激起的反响。各种政治性俱乐部以自己的经费在穷人中散发了3000 余册。罗伯斯庇尔在他自己创办的政治刊物《宪章捍卫者》1792 年 6 月号摘要转载了《人权论》，热情称赞潘恩"是一个人类权力最雄辩的辩护者"。1792 年 8 月 26 日，法国议会授予潘恩荣誉国籍。紧接着，加莱、索姆、多姆和瓦兹四郡，不约而同地都选举潘恩为他们在国民公会中的代表。加莱还特意派了一位官员去英国通知这位外籍议员已光荣当选，并写信相邀，热烈呼唤这个"人民之友"去和他们一起共图大举。后来的史实证明，《人权论》对法国革命转变方向起了巨大作用。

《人权论》的出版，对英国思想界的意义也难以估量。一位西方学者认为："发生在柏克和潘恩之间的这场大辩论，可能是英国历史上曾经发生过的意识形态论战中最有决定意义的一场论战。"到 1793 年底，《人权论》已销售或免费散发了大约 20 万份。就连以持论严谨著称的英国《年鉴》杂志也承认："对这本书的热情是无法形容的。它被中产阶级和下层阶级阅读，特别是在那些大工业城市，无论是英格兰还是苏格兰都是如此。"在谢菲尔德，磨刀匠用下列新词填进国歌，走街串巷吟唱："上帝保佑伟大的托马斯·潘恩，他的《人权论》照亮了每一个人的灵魂。他使盲人看清了被愚弄、被奴役的命运。他给全世界指明了自由之神。"就连曾经叱咤风云的拿破仑，也对《人权论》一书顶礼膜拜，在他的枕下，总有一本《人权论》，每晚睡前必读。他说："世界上每一座城市都应为潘恩树立起一座金质雕像。"然而，当拿破仑执政后，他与潘思的关系迅速冷却下来，因为潘恩厌弃一切类型的个人独裁和残忍行为，拒绝与他合作。

除了《常识》和《人权论》两本重要著作以外，潘恩还写过关于宗教问题的《理性时代》和他的第一本经济学著作《土地正义论》。

2. 遭遇

历史学家不会忘记 1777 年的"迪安事件"，因为"迪安事件"不仅是一个政治丑闻，也是潘思在美国命运的重大转折点。当时担任大陆会议外交事务委员会秘书的潘恩，因为不能容忍一些人利用法国的援助而假公营私的行径，1778 年 12 月 4 日，他在报上公开揭露迪安谋取 10 万里佛尔私利的丑闻，引起轩然大波，结果与美国驻法商务代表塞拉斯·迪安等人发生冲突，也引起大陆会议某些当权者对潘思的公开不满。接着，1778 年 2 月，法国驻北美使节向大陆会议递交抗议书，抗议潘恩暴露了法国军援的秘密，要求大陆会议"对目前的状况采取合适的措施"。国会为此辩论不息，风波持续了一年多。1779 年 2 月 9 日，潘恩被迫提出辞呈。在辞呈中，他悲愤地说："我并未辜负信任，因为我所从事的一切都忠诚于公众利益。我并未泄密，因为我并未说出什么我认为称得上是秘密的东西。我确信迪安犯有罪恶，我唯愿自己恪尽职守。"在这之后，他的信誉遭到极大打击，总是处在谣言包围之中，再也难以恢复《常识》出版时所获得的崇高地位。美国上层社会讥笑说："他升起像一支火箭，坠落如一根拐杖。"

北美战争结束后，出身低微的潘恩更受排挤。他为这个国家预言了足够几代人实践并为之感激的真理：从共和政体到外交中立，从中央银行到邦权至上，直至美国国名的命名，这时却成了一个可怜巴巴的失业游民。1783 年 11 月，他投书纽约州议会说："我不谙经商，亦无地产。我从另一个国家流亡出来后，并未置办另一份家业。有时我不禁自问，我比一个难民究竟好多少？最可悲的是，我这个难民曾为这个国家竭忠尽智，却得不到一丝好报"；经他抗议，国会才同意给他一笔补贴，又经过两年多反复辩论，国会才确定补贴金额为 3000 美元。潘恩以此款在纽约市郊的新罗歇尔购买了一座庄园，也就是最后葬埋他的那块地方。

正当潘恩在他的庄园沉湎于科学发明的时候，柏克起而攻击法国革命，潘恩因此毫不犹豫地重回政坛，奋起迎战。1791 年 3 月，他在伦敦出版《人权论》，激烈抨击柏克的《法国革命感言录》，引起舆论界的轰动。但在英国，《人权论》激怒了庇特内阁。英国绅士百年来视若圭臬的改良主义政治体制和历史传统受到一个来自底层社会的思想家公然挑战。庇特说："若放纵潘恩的主张，我们必将有一场流血的革命。"于是，1792 年 6 月 8 日，英国政府指控潘恩犯有"煽动叛乱罪"。不久，英伦三岛出现官方煽起的反潘恩狂潮，街上开始烧毁潘恩的模拟像。而潘恩临危不惧，凡有暴徒集会，他都免费寄去几百本《人权论》并附入一份书面发言。法国9月3日大屠杀消息传来，英国托利党人的反应愈加猖狂。9月13日，友人获悉警方的密谋，劝说潘恩立即逃亡，否则便有杀身之祸。潘恩初意不走，但在从法国加莱来的一位官员的恳劝下，才同意连夜流亡法国。在伦敦，他逃脱被捕，只差几个小时；在多佛尔海关，只差20分钟。20日晚，潘恩进入法国议会。从此，他卷入了法国革命的政治中心。

然而，随着革命愈演愈烈，潘恩与雅各宾派之间出现了隔阂。导致潘恩在法国命运急转直下的事件是——他对国王审判案的态度让雅各宾派难堪。他认为国王早该废黜，昏君通敌亦必须惩办，但只宜流放，不宜处死，他担心处死国王会伤害美国盟友的感情，激起欧洲王室的联合干涉。1793年1月15日，他在国民公会中公开投票反对处死国王。继国王问题之后，他在法制溃坏、限价风潮等问题上，又与雅各宾派发生争执。

1793年春，相继发生了马拉受审案和米兰达诬陷案，而潘恩都因为出庭作证，深深地激恼了雅各宾派。因为，他在前一案中当众抖落马拉的隐私，在后一案中为米兰达洗冤，与吉伦特派相合。所以，1793年6月雅各宾派正式执政后，潘恩当年的朋友们非逃即亡，他本人在1793年宪法中的思想主张被无情删除，他悲叹："共和国死了。"同年10月，潘恩的名字上了黑名单。11月25日，罗伯斯庇尔公布取缔外籍议员的法令，潘恩被逐出国民公会。12 月 28 日深夜，潘恩锒铛入狱。就这样，潘恩在这个他所颂扬的革命圣地身陷牢狱达 10 个月之久。

具有讽刺意味的是，这时在海峡彼岸，英国政府正在对他和《人权论》进行缺席审判，潘恩被英国保守党用歌曲谩骂，骂他是个雅各宾党人。有人还编排了一个历史上最可恶者的名单，从凯撒开始，以潘恩结束。缺席审判的结果是：潘恩为非法之人，从此不受法律保护，《人权论》被全部查禁。

不知为什么，命运总是与潘恩过意不去，为了法国，他永远失去了回归故土的权利！在狱中，潘恩历尽磨难，九死一生。只是由于奇缘，他才逃脱了断头台，却又差点死于病魔。即使如此，他还是坚持写作《理性时代》（第二部分）——有关宗教问题的另一本重要著作。正因为其中的一些激进观点，他晚年在美国吃尽苦头。1794 年 1 月 27 日，他在该书扉页上赫然写道："我一向极力主张人人有保持他的意见的权利，不管他的意见如何与我不同。凡是否认别人有这种权利的人，会使他自己成为现有意见的奴隶，因为他自己排除了改变意见的权利"。或许，如果没有莫里斯从中作梗，潘恩可以早些出狱。莫里斯之所以从中作梗，拒绝证明潘恩有美国国籍，是因为在"迪安事件"中与潘恩失和，这时他乘机报复，拒绝证明潘恩有美国国籍。而一代伟人华盛顿因为当时正暗中与英国商谈杰伊条约，不想因为潘恩而开罪英国，也袖手旁观（对此，潘恩至死都没有原谅华盛顿）。结果，潘恩真成了"法外之人"。朋友见死不救，敌人幸灾乐祸。美国曾授予他国籍，但拒绝证明；英国取消了他的国籍，却巴不得他被认为是个英国人而被处死；法国仅授予过他荣誉国籍，却正好借此罗织罪名。他参加过或鼓动过三个国家的革命，而三个国家同时抛弃了他。潘恩最终能出狱，是因为1794年8月门罗取代莫里斯出使法国。这位后来以"门罗主义"出名的大使具有一副侠义心肠。他惊讶地获悉潘恩还在狱中后，四处奔走，火速营救。1794年11月7日，在门罗多方斡旋下，潘恩终于获释出狱。并在门罗夫妇悉心护理下，经过两个多月的休养，潘恩恢复了健康。

然而，1795年7月7日，他出狱后第一次出席国民公会，又单枪匹马地向1795年宪法讨战，他斥责这部宪法放弃普选权，规定对选择权的财产资格限制，是背叛了革命的初衷。他还在议会外散发小册子，鼓动法国人抵制这部宪法。为此，他又一次丢掉了议员职位。而雅各宾派的残余势力，这时对这部宪法，只不过作了些模糊软弱的反抗。

1801年，杰弗逊就任美国总统。潘恩开始天天盼望返回美国。1802年9月，他应杰弗逊之邀，回到了他精神上的故乡——美国。然而，从他登陆那天起，就敏感地发现自己回来的不是时候。他正赶在美国革命后宗教复兴的势头上，他的那本《理性时代》给他带来的不是鲜花，也不是欢呼，而是联邦党人的共同反对，说他是个无神论者，还把他和杰弗逊并称为一对"汤姆"。而邀他回国的杰弗逊，这时正为竞选总统苦苦奋斗，为了避嫌，也不得不回避潘恩，甚至拒绝他在政府中担任公职的请求。最令潘恩寒心的是费城的本杰明·罗什，这位当年《常识》的取名人，这时写道："他在《理性时代》中所宣扬的原则，我觉得讨厌，我都不愿意和他再来往。"

于是，在他下榻的旅馆周围，几乎每晚就有嘘声。邻居围攻他，连马车也不让他坐。他不得不徒步行走，而来往车辆，又故意溅他一身烂泥。人们总不相信他这个鳏夫能耐得住寂寞，就诬告他与女房东有暧昧关系。甚至只差一点儿，他就被第三次取消国籍。而且，在他临死前三年，有个地方官还要剥夺他的选举权，说他是个外国人。他在人生的最后几年里，几乎成了美国社会里现成的攻击靶子。教士们以潘恩的遭遇吓唬会众，收拢人心；母亲则为了使淘气的孩子听话说："魔鬼和潘恩来了！"1804 年圣诞节之夜，有人干脆向他开了一枪，枪口离他 10 英尺。临终前一年，他的头发长得蓬乱不堪，却没有人为他请一个理发师来，尽管他的住处离城不过 1.5 英里。

这样的悲惨日子，一直熬至 1809 年 6 月 9 日。这一天，潘恩很"配合"地告别了这个令他爱恨交加的地方。他似乎很知趣，因为当时整个美国，都在想尽一切办法忘记他，或者想提前埋葬他。

3. 悲哀

托马斯·潘恩对于人类的贡献是超越时空、超越一切国界的，他的思想至今"闪耀着穿透历史迷雾的耀眼的光芒"，他身后的荣光，更胜于他在世时的光荣。

托马斯·潘恩一生虽然因为《常识》《人权论》，以及《理性时代》和《土地正义论》受尽世人的敬仰和尊敬，但也因为《常识》《人权论》和《理性时代》而受尽人世间太多的煎熬与磨难。他命运多舛，倍受当时人们的非议、排挤、误解，甚至迫害、打击和凌辱，包括像华盛顿这样伟大的人。

迫害还在继续，悲哀仍然没有结束！潘恩的不幸并未因为他已经辞别人世而很快结束。更加令人伤感和悲哀的是，连他的遗骨也被吊诡的命运追杀得无影无踪。1819 年 10 月的一个夜晚，有个被他的精神所感动的英国论敌——记者柯贝特偷出他的遗骨，运回英国。他本想发动募捐，为他建造圣祠，结果却是招来了一片谩骂。英国官方对他仍然耿耿于怀，生不宽容，死不接纳。一个巡街的更夫只因为宣布了潘恩遗骨到达的消息，就被英国官方收监九个星期。而柯贝特保留的那堆遗骸，在他本人 1835 年去世后，由他的儿子继承。不幸的是，1836 年柯贝特儿子破产，"圣骨"就作为他的财产被没收，而大法官不承认那是贵重物品，便由一个打散工的老头保管，直至 1844 年。接下来，又转到一个叫 B. 蒂利的家具商人手里，到了 1854 年，他的遗骸只剩下颅骨和右手骨了，到现在，谁也不知道这些遗骨飘落何方。

这究竟是为什么？一个把自己的一生都献给这个世界的人，为何反而得不到世人应有的尊重和敬仰？他爱所有的人，为他们穷尽毕生的精力，但他们不仅不爱他，还以最卑劣的手段迫害他打击他排斥他侮辱他，是人性的卑劣下流，还是人世的凄凉世故？江山无语，流云静默，万有哑然！！公道自有天知。

当代思想家朱学勤先生对此精辟地分析说："他有《常识》，反抗那时候的政治传统；他有《人权论》，反抗社会传统；他有《土地正义论》，反抗的是经济传统；最后有《理性时代》，反抗的是宗教传统。这样一来，他就把那个年头能得罪的人类权势力量都得罪完了。他从地上打到天上，横扫俗界国王之后，又向灵界国王宣战，最后激起天怒人怨，自然要落个遗骨飘零、死无葬身之地的悲惨下场。"是的，"潘恩的可悲之处恐怕在于他跻身政界，却不是一个圆熟的政治家。严格说来，他只是个带着书生意气的革命家。他尽情泼洒理想主义者的热血，从不知谋略、心计为何物。他既不给自己留后路，当然，也不允许别人走些曲径。"就连向来不动感情的哲学家伯特兰·罗素，面对潘恩的下场也不禁感叹："一个人即使毫无自私自利之心，也需要有些世故，才能得到赞扬。"但是，伟大的法国作家罗曼·罗兰却不赞同罗素的观点，他钦佩的恰恰正是潘恩那至死都天真未凿的好斗性格。他为潘恩的悲剧打抱不平，主动请缨，要为"勇敢的空想主义者托马斯·潘恩"作传，把潘恩的名字，列入他的英雄长廊，与贝多芬、托尔斯泰等人做伴。

托马斯·潘恩告别我们已经200多年了，至今，我们还在领受和期待领受他给予人类的精神财富。他虽然"死无葬身之地"，也没有国籍，但他是一个优秀的世界公民，永远活在世界人民的心中。他虽然没有一个亲人，没有一穴墓地，"赤条条来去"，但全世界的人们都是他的亲人，全世界人民都在心中安放着他的灵魂。作为他的同行，惟有写下这些柔软的疼痛的文字，告慰他那曾经受伤的魂灵。

潘恩说："世界就是我的祖国。"他可以安息了！我们却背负沉重。

写于 2005 年 3 月 30 日

日本税法教授北野弘久其人其学

大凡学者，粗分应有两类：有以探索某一学科领域根本问题为其学术理想者，也有以某一学科领域的枝节问题为其研究旨归者。前者孜孜以求，在大本、大源处用力，倾其毕生智慧，满怀济世情怀，佐以终生信仰，唯求真理之光闪现君临；后者皓首穷经，在细微末节处辛劳，在问题的下游挣扎，唯求世俗的回报与奖赏，自觉不自觉地搁置对学术方向和终极意义的追问。二者虽不应进行境界高低和孰优孰劣的评价，但其分殊差异迥然。

置身细微末节者多矣，献身大本大源者古今凤毛麟角。我以为，日本大学税法教授北野弘久先生，也许应该归于大本大源者类。他说，有志青年，应当多思考本质的问题。这其实就是他终生致力税法研究，创立"北野税法学派"的学术目标和理想。

与北野弘久先生相识，起于阅读他的《税法学原论》。《税法学原论》一书自始至终都是以保护纳税人的基本权利为其研究的出发点和归宿，以保护纳税人的基本权利为其税法理论建构的基本理念和指导思想。

北野弘久先生始终高扬人权的旗帜、宪法的旗帜，探索寻求保护纳税人基本权利之途，而且身体力行，以日本社团法人自由人权协会理事、不公平税制修正会代表，以及国民税制调查会代表委员等身份，组织纳税人与政府侵害纳税人基本权利的行为进行毫不妥协的斗争。当日本政府决定自卫队出兵伊拉克之时，北野弘久先生认为这违背了和平福利社会的税收目的，遂组织纳税人向日本政府进行示威抗议。因为在他看来，税法必须保护弱者，保护人权，反对战争，反对军备竞赛，反对军事化，维护宪法的宗旨和原则。他认为不少国家议会中的议员，代表的往往只是某个阶级、阶层的利益，所谓的"多数人原则"并不代表国民的一般意思。他主张将应能负担原则奉为宪法上征税的根据。因为应能负担原则和累进税的原理是社会人权思想的具体化，是现代福利国家最重要的立法主义要求，是构成纳税者基本权利的内容之一。因此，不论是国税、地税，还是直接税、间接税，或者是个人税、法人税，都应该遵循应能负担原则和累进税的原则。而且他认为，这是作为"质的担税力"和最终的课税物件"量的担税力"的具体化要求，而这种要求同样支持综合累进课税。按照这个原则，个人所得税要求最低生活费非课税原则，财产税要求一定生存权的财产非课税或轻课税原则，消费税不要求对于所有消费的一般消费税，只要求限定课税对象，对于每一个课税对象的免税点、税率、纳税方法等区别对待的个人消费税。

他认为，21 世纪的国际社会一定是租税国家社会。因为在 21 世纪的国际社会中，人类的和平、福利、人权等等，基本上都是由租税来决定的。而且，为了确保世界范围内人类的和平、福利、人权等基本权利，也必须重视租税及租税体系建设。他认为，租税国家是指国家的财政收入几乎全部依存于租税的国家。租税国家宪法政治的内容应当归结于怎样征收租税，以及这样的租税将如何被利用。政治在其中的最终作用表现为：按照法定标准和程序征收与使用税收。因此，租税国家的宪法法典是规定了租税征收方法和使用方法的法律规范原则的法典。一句话，不论征税还是用税，都必须依据宪法规定。在他看来，未来世界税制改革的大趋势是税权一定要下移，具体地说，要科学合理地划分中央与地方的税权。他强调，未来税制改革的主要目标不是因循传统集权型的租税国家，而是尽可能地向地方分权的租税国家发展，并使其逐步具体化、现实化和制度化。因为人类进入 21 世纪，世界大战的危险性已经大大减少，因此，与之相伴的国防和外交的重要性也将减少。充实人们精神生活的"和平、福利"职能，已经不是中央政府的主要任务，而各个区域社会的特殊性需求，则越来越多地成为各个地方政府的主要职能。在 21 世纪，中央政府最多也只能给人们的物质生活提供一些帮助，不可能提供太多的服务，应当把主要精力放在调节区域差距，确保各个区域国民最低生活保障方面，并以协调各个区域间冲突的事务为其基本职能。

北野弘久先生所创建的税法理论之所以被称为"北野税法学派"，是因为他最先把税法学视为一个独立的学科来研究，第一个使税法学与行政法学彻底诀别。"北野税法学派"最大的特点是立足于宪法理论、人权理论，直接构筑税法的基本原理，并将如何使纳税者的基本权处具体化、体系化作为最终的追求目标。笔者研读《税法学原论》时印象最深的是北野弘久先生提出的"税痛"说。"北野税法学派"始终极力反对间接税，在他们看来，间接税存在种种弊端，它的政治危害最大。在间接税情况下，纳税人通常在法律上会被置于"植物人"的地位，因此，纳税人在国民主权原理下所享有的监督权、控制租税几乎不可能实现。而身为主权者的大多数纳税人（国民）在间接税中如果不能享受从法律上受保护的任何权利的话，这对于一个租税国家来说，就是一个重大的法律问题。他们进而说，如果一个国家的消费税占据了这个国家财政的中枢，国民就不可能监督、控制租税国家运行状况，这是极其可怕的。与间接税不同的是所得税，特别是个人所得税，由于这种税是从已经属于纳税人自己的财产中拿出一部分来缴纳，纳税人对税率的微小提高也都相当敏感，并极力反对。因此，它最能引起纳税人的"税痛"，增强其"税意识"。而最大的优势在于，所得税的纳税人对政府如何使用税款最为关切，这对促进一个国家税制结构的民主宪制转型，具有十分特殊的意义。

与北野弘久先生的直接接触，与北野先生创立的"北野税法学"再次相遇，是不久前在北京大学举办的"全球化与财税改革"国际学术研讨会上。2005 年 5 月 13 日上午，北野教授在研讨会上做了"福利国家和平呼唤累进税制"的发言，虽然年逾花甲，但他精神饱满，激情四溢，思路清晰。晚上，我怀着几分敬慕之情，匆匆吃完晚饭就去北野教授主讲的第 23 期"北大财税法论坛"演讲厅。尽管我提前到了，但主座位早已坐满慕名而来的北大师生和参加研讨会的专家学者，于是我只能在旁边另外找椅子坐下。北野教授演讲的主题是："和平福利社会与纳税人基本权利"。晚上，北野弘久先生似乎特意修整了一下，上身着一件灰色衬衣，打着蓝色斜纹领带，下身着深蓝色的西裤，显得特别地精神。晚上七点，北京大学法学院财税法研究中心主任刘剑文教授首先做了简短介绍和发言，随后，北野弘久先生开始了他人生中在北大的第二次演讲。

第一次演讲是在十几年前，那次，他认识了一位深具语言天赋的北大在校生。在原定的翻译无法准确表达他的思想的时候，这位北大在校生自告奋勇担任现场演讲翻译，令北野教授非常满意和感动。时隔多年后，正是这位学生——现重庆大学法学院的陈刚教授，将他的税法理论翻译介绍到了中国。从此，"北野税法学派"的思想传入中国税法学界。北野先生在演讲中回忆到这些往事时，异常地兴奋和激动，即兴将陈刚教授邀请到讲坛上介绍给大家。在短短一个半小时的演讲中，北野先生热情洋溢，妙语连珠，风趣幽默，讲到兴致处，就挽起袖子，挥动手臂，大量运用身体语言，或者在黑板上龙飞凤舞。他最擅长通过简单的事例，阐述深奥的理论问题。这次与北野先生的直接接触，不仅使我加深了对北野税法学派精髓本质的理解，也现场体会了一个以本质作为终身治学理想的税法学者的智慧、情怀和信仰。而且，北野先生对待学问谦虚执着和认真的品质，也令人肃然起敬。我记得他在《税法学原论》一书的第三版寄语中说："心里一直念叨着年轻、还年轻的笔者，已在1991年步入了花甲之年。然而与此相比，尚需反省的研究课题仍有很多，但研究的时间却已不多。"在第四版寄语中则说："笔者以为，本书第四版仍然是不成熟的……我期盼着今后还能有机会努力使本书达到一个更高的水平。"也明白了，北野弘久先生为何在演讲中，那么深情地勉励青年学子，要多关注本质问题的教诲。

其实，与一切伟大灵魂的邂逅，都需要缘分，需要等待，需要珍惜，需要放弃羞怯。既要敬重敬畏，也要自信自敬，敢于直面，敢于挺身而立。学问如人，人如学问，要做本质的学问，必先自觉拒绝异化，塑造独立之人格和精神。

（原载 2005 年 6 月 23 日《中国经济时报》，

发表时有改动）

拉瓦锡因"税"上断头台的历史教训

　　1768 年，对后来成为法国著名化学家、近代化学的奠基人之一、"燃烧的氧学说"的提出者安托万－洛朗·拉瓦锡来说，无疑是双喜临门。因为，他一边成为了法国科学院的院士，一边又当上了一名包税官。前者意味着他在科学界名望的又一次提升，后者意味着他向包税局投资 50 万法郎，承包了食盐和烟草的征税大权之后，财富会进一步聚集，从此可以名利双收。

　　然而，正如中国古代先哲老子所言："祸兮福之所倚，福兮祸之所伏"，也正是因为这一年的成功与得意，预埋了日后把他推上断头台的恶因。21 年后的 1789 年，爆发了法国资产阶级大革命，革命潮流浩浩荡荡、摧枯拉朽的同时，也暴露了它先天的残酷性与破坏性，三年后即出现了"恐怖政治"，激进派开始了对专制时代官员的清洗与讨伐。1793 年 10 月发布了逮捕所有"包税官"的命令，拉瓦锡因此也未能幸免。

　　客观地说，拉瓦锡本人很少参与波旁王朝的横征暴敛，但他包税官的身份，很容易激发激进群众的愤怒。更倒霉的是在新的激进通令要求包税官"清算账目"、予以说明交代之时，他和昔日的同僚们却因担心财产被没收而四处藏匿，致使矛盾加剧，最终不可调和。当然，也有小人背后的煽动和教唆以及公报私仇。

这个背后的小人即是法国大革命领袖马拉。祸根在于，拉瓦锡曾经对马拉入选科学院的论文评价很低，马拉因此记恨刻骨。因此，早在 1791 年时他就专门写了一个小册子，猛烈抨击曾经当过包税官的拉瓦锡。而且捏造事实，攻击拉瓦锡为了防止走私所修筑的城墙，污染了巴黎的空气。而且还为了牟利，给烟草上洒水以增加重量。事实是，洒水是为了防止烟草干燥，而交易是以洒水前的干重为计量标准的。问题是，信息不对称的民众，在这本小册子的蛊惑下，把对税务官的仇恨推到了高潮，成为革命破坏性的原动力。终于在 1793 年 11 月 28 日，包税组织的 28 名成员全部被捕入狱。尽管拉瓦锡被捕后，社会各界向国会提出赦免拉瓦锡，并准予他复职的请求，但早已被罗伯斯庇尔领导的激进党控制的国会，不仅无动于衷，反而变本加厉，很快，不经法定程序，就于 1794 年 5 月 7 日开庭审判，宣判包税组织的 28 名成员为死刑，并要求在 24 小时内行刑。

当时就有人曾希望法官看在拉瓦锡是一位对人类科学具有重要贡献的天才的份上饶他一命，但法官却冷酷地回答道："The Republic has no need of geniuses."（共和国不需要天才。）于是第二天，也就是 5 月 8 日的早晨，所有包税人就在波拉斯·德·拉·勒沃西奥，被全部推上了断头台。拉瓦锡是第 4 个登上断头台的，他视死如归，泰然受刑。

拉瓦锡死后，著名的法籍意大利数学家拉格朗日曾痛心地说："他们可以一眨眼就把他的头砍下来，但他那样的头脑 100 年也再长不出一个来了。"

个体生命一旦终止，所有的意义只能归于社会。表面看，拉瓦锡被推上断头台，有小人的构陷，也有他个人选择的失当，但如深究，直接说来，却是因为法国落后腐朽非人的包税制度。当人们把拉瓦锡被杀的矛头指向法国大革命、指向革命者马拉的嫉妒心，以及拉瓦锡本人的财富欲之时，其实不过是就事论事，自然也就消减了拉瓦锡无端丧命的价值。从本质而言，法国大革命本来就是因为当时法国社会的税收矛盾与冲突不可调和，是因为落后腐朽的包税制对广大民众的剥夺与剥削已经到了极限，广大民众已经忍无可忍。据托克维尔在《旧制度与大革命》一书中记载：大革命前夕，第一等级、第二等级的人虽然大多已失去领地，但却不交税，又有特权，享有年金。同时，封建专制君主却把沉重的财政负担统统转移给了第三等级市民。而第三等级市民要交的租税，据托克维尔统计，就有军役税、人头税、念一税、年贡、劳役、附加税、注册税等等，就是说，那时的法国，已经成为一个主要靠穷人纳税的国家。于是，国王税收不足，就大举借债。如路易十三在位 15 年，国家的债务已经增加 3 倍，达 45 亿利弗尔。而这些债务负担，仅凭农业人口的税收远远不够，因此，压榨的对象也就只能转嫁到交纳工商税的资产阶级和小资产阶级——第三等级的市民了。可见逻辑上，作为包税人的拉瓦锡，也就间接地参与了扩大法国社会贫富悬殊的行动。但无论如何，主要罪责应在于法国专制君主制全权垄断的不人道性与不公正性，根本不至于把他推上断头台。

也就是说，如果没有法国专制君主这方贫瘠的土壤，没有广大民众权利意识觉醒这个大的时代背景，马拉之流的煽动也不可能掀起那么大的风浪。也就是说，归根结底，把拉瓦锡推上断头台的，是落后腐朽非人的法国专制君主制。这才是把拉瓦锡推上断头台的真正的罪魁祸首，因为包税制，不过是服务于封建专制体制的一个子系统而已！

关于包税制之恶，公元前二世纪的罗马作家就说："整个世界都在包税人的统治下呻吟。"而"包税人是令人讨厌的家伙""每个诚实的管理者都有义务反对他们"等等，一直是罗马时期社会上最流行的语言，以至于当时的罗马历史学家李维（Livy）都这样谴责："有包税人的地方，就没有对公共法律的尊重，就没有各省的自由。"而《善与恶：税收在文明进程中的影响》一书的作者查尔斯·亚当斯（Charles Adams）则理性地指出："托勒密发明的包税制是天才的，但是也是具有破坏性的。这种处于中间人地位的保证人提高了埃及税收制度的效率。国王现在拥有两批互相独立的团队来监督其税

天下税鉴

收收入。两个团队都要对任何税收收入的短缺负个人责任——逃税是不可能的。政府征税官身上常见的欺诈和散漫对于税收承包人的影响是相反的，作为一个典型的私人承包人，他会比政府的征税官更有效率。"而"对于这一制度最严重的滥用来自税收承包人。"而且，"包税制是资本主义最激进的阶段"。同时，"包税人无情地剥削各省必然会引起反抗——这是明显的"。

必须强调的是，因"税"而带来杀身之祸的，化学家拉瓦锡等28人也绝不是特例，历史上的米斯里戴帝斯国的国王，天生就有一项特殊的才能，能通过挑起不愉快纳税者的怨恨，从而组织起一场规模巨大的反抗。他曾计划在公元前88年的某一天，开始秘密攻击亚洲和希腊的大多数城市，包括雅典。史载，在这一阴谋实施的第一天，就有八万罗马包税人被处死，两万罗马和前罗马希腊商人也在得洛斯岛被屠杀。

总之，税收既是文明的助推者，也是文明的破坏者；既是国民生命与安全的保护者——天使，也是国民生命与安全的毁灭者——魔鬼。事实上，把拉瓦锡推上断头台的是税收，把专制独裁者推上绞刑架的同样是税收。因此，税收注定有良善与恶劣之别。拉瓦锡的个人悲剧固然值得记取，人生有什么样的选择，多有什么样的命运。但是，拉瓦锡个人悲剧的社会意义也不应忽视，这就是，在不得不通过革命的手段来清除阻挡历史潮流的腐朽垃圾之时，也要谨防一切疾风暴雨式革命的破坏性。因为在失控的革命绞肉机上，没有人会幸免于难，不论是恶人，还是善人。

（原载 2015 年 8 月 13 日《爱思想》）

庇古和他的"庇古税"

伟大的思想家，总会用他们伟大的思想预知人类未来面临的共同问题，并用他们智慧的头脑，给出解决普遍问题的建议与构想。

亚瑟·塞西尔·庇古，就是这样一位伟大的思想家。他不仅很早预知了人类即将面临的生态危机问题，而且提醒人们要通过"庇古税"来保护生态，预防生态危机。事实上，庇古及其"庇古税"的价值，只有到了雾霾密布、污染全球化的时候，才越来越被世人所在意。或许这就是一切思想者必须认领的宿命。

作为英国著名经济学家，庇古是剑桥学派的主要代表之一。他出生在英国一个军人家庭，是长子。青年时代入剑桥学历史，后受当时英国著名经济学家马歇尔的影响与鼓励而转学经济学。毕业后即投身于教书生涯，成为马歇尔经济学说最忠实的传播者之一。他先后担任过英国伦敦大学杰文斯纪念讲座讲师和剑桥大学经济学讲座教授，被认为是剑桥学派领袖马歇尔的继承人。当时他年仅 31 岁，是剑桥大学历来担任这个职务最年轻的人，而且任期长达 35 年，直到 1943

年退休。退休后，庇古仍留在剑桥大学从事著述研究工作。同时，庇古还担任过英国皇家科学院院士、国际经济学会名誉会长、英国通货外汇委员会委员和所得税委员会委员等职。

但是，具有如此社会影响力的庇古，生活中的他，其在世时的言行举止，衣着相貌，并不被世人所认同和接受。在他的一个学生眼里（在 20 世纪 40 年代中期），他是一位"高而挺拔，着装怪异"的人。他偶尔会在乡间漫步，或者斜靠在英王学院草地上的帆布椅上。而且，庇古为了表示对希特勒的蔑视，还在纳粹进行空袭的时候，一直坐在帆布椅上。而且有资料记载，庇古这个曾经以古怪个性而著称的经济学学者，生命中的前后两期判若两人。就是说，早年的他曾是一个快乐、爱开玩笑、爱社交、好客的单身汉，但后来却变成了一个"相当怪僻的隐士"。有人以为庇古的性格变化是由于"一次极端的转变"，而他终其一生的朋友和同事 C.R. 费伊 (Fay) 认为，这是因为"第一次世界大战对他是一个很大的冲击，战后他就不再是原来那样了"。

而庇古的睿智与天赋，早在他职业生涯之初，就已经崭露头角。他一直非常关注社会和经济之间的关系问题，而且，对人性和科学的热情持续不减。在他 24 岁的时候，就有两篇文章获奖：一篇是《过去 50 年中英联邦农业生产相关价值变化的原因和影响》，另一篇是《罗勃特·布朗宁，一个神学教师》。在两年之前，他就已经因为一篇英文诗而获得金质奖章，还创作了一首名叫《Alfred the Great》的歌曲。遗憾的是，战后他的性情大变，卖掉了这枚奖章以资助饥饿的佐治亚人。庇古从剑桥英王学院毕业以后，就将时间主要用于演讲、出版和致力于关税改革的争论，一直到晚年。

庇古的主要学术贡献之一，即是他作为现代福利经济学之父，认为要衡量经济效率，就必须考察"外部性现象"。这是因为，"外部性现象"是指生产或消费者在自己的活动中会产生一种有利或不利的影响。或者说，这种影响，既会带来有利的影响——利益（正外部性），也可能带来有害影响——伤害（负外部性）。关键是，这些或有利或有害的影响，都不是消费者和生产者本人所获得或承担的。比如，环境污染就属于市场体系之外的"负外部性"问题，即某个人或企业的活动会对他人或企业产生有害影响。因此，政府必须对此进行干扰，手段就是征收"庇古税"。即政府应根据污染所造成的危害大小对排污者征税，从而以税收的形式弥补私人成本和社会成本之间的差距，将污染的成本加到产品的价格中去。

"庇古税"即污染税，它是按照污染物的排放量或经济活动的危害大小来确定纳税义务的，属于从量税。按照庇古的原初设计，就是要通过这种税收手段，对产生正外部性者给予补贴，对产生负外部性者征收一定的税收，从而保护生态环境，增进全社会和每个人类成员的福祉总量。道理在于，"庇古税"可以改变污染的"相对要素价格"，并通过替代效应，引导企业选择用干净的投入，比如劳动、资本等替代污染。从本质而言，由于"庇古税"提高了产品的产出价格，可通过产出效应，引导消费者使用污染较小的产品。

问题在于，"庇古税"很难实施。这是因为，一方面，污染企业的排放量很难正确度量。或者说，"庇古税"的征收很难通过交易征收的办法去实现。另一方面，信息不对称问题也是诸多难题中的首难。这是因为，信息不充分使得最优税率的确定更加困难。或者说，这会使人们确定的税率并非帕累托最优。当然，也不是说没有可操作性的途径与方法。比如，政府虽然不可直接向污染者收税，因为污染交易困难，但却可以向交易的对象征收，而且也是有效率的，比如通过产出来征收。同时，由于对干净的投入进行补贴可以改变产品的相对价格，也会因为替代效应而减少污染，因为补贴而降低产出的成本和价格。比如，要治理工业排放，可以补贴废物处理，即对产出进行征税；要治理过多私人用车造成的交通堵塞，可通过补贴公共交通；要控制家庭废物，可通过补贴收集废物行为去实现，或者通过对所有废物再利用的行为进行补贴去实现。

而污染的主要原因在于：非持续消费和生产模式。为此，联合国环境与发展大会编《21世纪议程》指出："虽然贫困导致某些种类的环境压力，但全球环境不断退化的主要原因是非持续消费和生产模式，尤其是工业化国家的这种模式。这是一个严重的问题，它加剧了贫困和失调。"《联合国人类环境宣言》也强调："在发展中国家中，环境问题大半是由于发展不足造成的。千百万人的生活仍然远远低于像样的生活所需要的最低水平。他们无法取得充足的食物和衣服、住房和教育、保健和卫生设备。因此，发展中国家必须致力于发展工作，牢记他们的优先任务和保护及改善环境的必要。"

就"庇古税"的实践看，与传统税种相比，主要差异在于：一是其名称常因征收对象、污染行为和污染物的不同而各种各样。比如对废气排放课征的污染税就有二氧化硫税、二氧化碳税和氮氧化物税等；对废水排放课征的污染税就有水污染税等；对垃圾排放课征的污染税就有垃圾税等；对噪声污染课征的污染税就有噪音税；对农业污染物征收的污染税等。二是税款大多专款专用，用于污染治理和环境保护；三是征收范围非常广泛，涉及大气、水资源、生活环境、城市环境等；四是征收原则明确，都是坚持"谁污染，谁缴税"；四是税率多采用定额税率或比例税率，计算比较简便。

如今，庇古虽然离开我们55年了，但他的思想，特别是外部经济现象理论与"庇古税"思想，一直在指导我们致力于生态环境污染的人类共同问题。这或许就是思想的功德，光芒会穿越时空。特别是，当大半个中国都沦陷在雾霾的毒瘴之际，我们更应追思庇古，怀念庇古。

写于 2014 年 11 月 2 日

叩问"拉弗曲线"的局限性

20世纪上半叶的某一天，当阿瑟·拉弗在一次鸡尾酒会的餐巾纸上画出了一条旨在降低税率的曲线之时，他肯定没有想到，这条被后来命名为"拉弗曲线"的理论竟然如此重要，对人类的经济社会发展，产生了不可忽视的影响。

阿瑟·拉弗作为供给学派的代表人物，是美国南加利福尼亚商学研究生院的教授（Arthur B. Laffer）。拉弗曲线告诉我们，在一般情况下，税率越高，政府可能征收的税收就越多，但随着税率的提高，并超过一定限度时，便会因为企业经营成本提高（税收负担太重），投资会减少，可支配收入会减少，从而税基也减小，因此，反而会导致政府可能征收的税收减少。而描绘这种税收与税率之本质关系的曲线，就叫做拉弗曲线。对此，与拉弗同时代的供给学派经济学代表人物的裘德·万尼斯基（Jude Wanniski）也有过精辟的解释。他认为："当税率为100%时，货币经济（与主要是为了逃税而存在的物—物交换不同）中的全部生产都停止了，如果人们的所有劳动成果都被政府所征收，他们就不愿意在货币经济中工作，因此生产中断，没有什么可供征收100%的税额，政府的收益就等于零。"

或就具体纳税人而言，如果税率过高，便会抑制纳税人的工作积极性。据说，在 20 世纪 40 年代，当里根还是一位演员时，他就对此有过很深的体验。他每年完成 4 部电影之后便选择度假，因为如果继续工作的话，他所得的收入，绝大部分将用于交税。或许正因如此，当里根 1981 年入主白宫后，便实施了美国历史上最大规模的减税。毋庸置疑，减税的理论依据与自信就是拉菲曲线。

问题或在于，减税虽然促进了美国经济的增长，但美国政府的税收收入并没有提高，反而下降了，直接造成了里根时代的巨额财政赤字。而同一时期的瑞典，当边际税率高达 80% 时，大部分经济学家才认为这一税率处在拉弗曲线错误的一边，降低税率或能增加瑞典政府的税收收入。

问题究竟出在哪里？

原来，拉弗曲线所揭示的"税收与税率之间的本质关系"，是存在一定局限性与前提的。之所以降低税率而没有增加政府收入，是因为影响税收收入的因素不是单一的。或者说，税率高低仅是政府收入高低的充分条件，不是充要条件。即是说，一个国家的税率高，政府可能收到更多的收入，也可能收到较少的收入；税率低，政府可能收到较少的收入，也可能收到较多的收入。道理在于：

第一，税率本身的合法性、合德性与税法遵从度有很大的关联性。就是说，如果税率的合法性、合德性越大，纳税者的税法遵从度就越高，政府便可能征收到更多的税收。相反，如果税率的合法性、合德性越小，纳税者的税法遵从度越低，政府就可能征收到较少的税收。

这是因为，税率的合法性、合德性意味着，纳税者对一种税率的同意与认可。因此，如果纳税者认可和同意，哪怕是高税率，纳税者也会自愿违背，因为这是对他们自己税收意志的遵从。相反，如果税率的合法性、合德性小则意味着，对这种税率的纳税者同意和认可度较低。因此，哪怕税率再低，也是对别人税收意志的违背，纳税者也不会自愿遵从，自然，政府的收入不会增多。这岂不意味着，就税收与税率的关系而言，决定税收收入高低的因素，还有税率本身的合法性与合德性，不仅仅是税率的高低。

第二，税率与税收之间的关系还受制于一个国家或地区的征税能力。哪怕一个国家或地区的税率很高，但如果总体征税能力较差的话，同样不可能获得较多的税收收入。相反，哪怕一个国家或地区的税率较低，如果其总体征税能力较强的话，或能获得相对较多的税收收入。

征税能力无疑是指税务人员的人数、技能、敬业精神、努力程度、内部管理以及信息化水平等等。就是说，在同样政体背景与税率高低的前提条件下，征税能力越强，政府能征收到的税收收入就可能越多。相反，征税能力越弱，政府能征收到的税收收入可能越少。

这个道理，当代美国政治学者玛格丽特·利瓦伊教授有系统的研究，她在《统治与岁入》一书中指出：一个国家的岁入，"受到下列因素的约束：相对议价能力、交易费用和贴现率。相对议价能力是指对强制资源、经济资源和政治资源施加控制的程度。交易费用是指谈判、协商政策合同的费用，还有执行政策的费用。贴现率是指政策制定者的时间意识，较之眼前，若个体越看重将来，贴现率就越低。"从本质而言，一个国家或地区的税收收入，除受税率的影响之外，还受制于"相对议价能力、交易费用和贴现率"三大要素的影响。

第三，税率与税收之间的关系还受制于一个国家或地区所实行的税种制度。具体说，究竟实行的是"直接税为主、间接税为辅"的税制，还是"间接税为主，直接税为辅"的税制？如果实行的是前者，因为"税痛"感强，征税就比较困难，哪怕是在相同边际税率下，可征收的税收收入就会相对较少；相反，如果实行的是后者，便会因为"税痛"感弱，征税就相对容易，哪怕是说，在相同的边际税率下，可征收的税收收入就会相对较多。

其实，关于拉弗曲线的局限性，已有不少学者做过研究。比如在郝硕博先生看来，拉菲曲线的使用，还必须满足五个条件，即"私有制生产关系和市场体系、封闭经济背景、国民收入的预算分配效应低于企业和私人的分配效应、储蓄转化为投资、不存在税负转嫁"。也有学者认为可归纳为两点，即完全竞争市场体系和封闭经济环境。而且，拉弗曲线描述的是长期经济条件下税率对税收和经济的影响，而不是短期经济条件下税率对税收和经济的影响。同时，拉弗曲线也忽视了阶层分析方法，只注意了收入与税收的关系，忽视了收入后面不同收入阶层的人群，也就是把不同收入的人简单地抽象为"人们"等。

总之，任何理论都存在局限性，拉菲曲线也一样。因此，当用一种理论指导实践时，必须弄清其使用的前提与缺陷。

写于 2014 年 11 月 21 日

第四辑

吾土税人

晋灵公重税招祸别议

　　史称，晋灵公，姓姬，名夷皋，是晋襄公之子。公元前620年即位，其年幼之时便好声色，长大之后宠任屠岸贾，而且不行君道，荒淫无道，以重税来满足其奢侈的生活，致使民不聊生，最终招来杀身之祸。

　　晋灵公之暴虐，左丘明在《左传·晋灵公不君》一文有详载，而且，这是左丘明一篇春秋笔法较明显的文章。左丘明关于"晋灵公不君"之首要论据便是"厚敛以雕墙"。即是说，晋灵公不像个君主，是因为他没有遵从王道，爱民且轻徭薄赋，而是通过大量征收赋税，加重老百姓的赋税来满足他的奢侈生活。而晋灵公的生活究竟奢侈到什么程度呢？左丘明说"雕墙"，即用金子来装饰宫墙，以此足见晋灵公奢靡生活之状况。

　　在左丘明看来，如果说晋灵公"厚敛以雕墙"还仅仅限于个人物质生活，尚不足以支持其"不君"立论的话，接着的论据，则直抵晋灵公的残暴品质。第一，他"从台上弹人，而观其辟丸也"。第二，"宰夫胹熊蹯不熟，杀之，寘诸畚，使妇人载以过朝"。就是说，晋灵公竟然从高台上用弹弓射行人，观看他们躲避弹丸的样子。而厨师因为没有把熊掌炖烂，他就把厨师杀了。最惨无人道的是，他竟然还把已死的厨师放在筐里，让宫女们用车载着，经过朝廷。其残暴、恐怖，以及嗜杀成性的品性昭然若揭。同时，晋灵公还听不进去大臣们的屡屡谏言。由此，左丘明得出结论认为：晋灵公早已不像一个君主，是一个该杀的暴君。不杀不足以明天理！而且，正如孟子所言："闻诛一夫纣矣，未闻弑君也！"即杀暴君是"诛一夫纣矣"，不算"弑君"。

晋灵公的结局，《左传》"其言简而要，其事详而博"。左丘明一句"乙丑，赵穿攻灵公于桃园"，就为晋灵公重税、残暴招致杀身之祸的报应画上了一个痛快的句号。

问题在于，《左传》中将"重税"列为晋灵公"不君"的首位论据，究其根本，在笔者看来，原是因为透过赋税之轻重，不仅可以判断一个国家与国民之间关系的正常与否，而且可以透视一个社会的文明程度，更可以观察一个国君的品行善恶。毋庸讳言，在传统社会里，在"家国一体"的专制政体构架里，国君的品性实际上就等于赋税的性质。国君如果能爱民而轻徭薄赋，百姓的赋税就可能轻一点；国君如果横征暴敛，百姓便会哀鸿遍野。甚至可以说，在传统中国社会里，国君个人的喜怒哀乐，都关系着百姓的生死存亡。

如此而言，所谓的"君"与"不君"，也不过是指君主是行"王道"，按仁爱道德原则统治国家，还是行"霸道"，可以为了君主的权力而不择手段，背离仁爱的道德原则。换句话说，晋灵公的"不君"，不过是专制暴虐统治体系的内在逻辑而已。而所谓的"君"，像个君主，也不过是为了一家一姓的江山万年长，因为利己而遵从仁爱道德原则统治国家的"君主"。固然，相对而言，"王道"好于"霸道"，百姓尚有一点喘息的机会。或许，就个别君主之个人品行而言，可能仁厚一些，能给百姓一些自由。但是，这与其继承或固守的非人道无自由、不公正少平等、不把百姓当人看的专制制度之恶，以及赋税制度之劣相比，显然小巫见大巫。具体说，因君主宅心仁厚而给予百姓的小善，若与其构建的残暴专制制度之恶相比，确实可以忽略不计。更何况，这样宅心仁厚的君主大多百年难遇，更别说这种专制制度对暴君的刻意美化、粉饰以及欺骗了。

如此观之，晋灵公的厚敛与重税，以及奢靡生活，本就是晋国专制制度及其赋税制度的逻辑使然。根本说来，其恶在于其皇权专制体制的非人道、不自由，以及不公正、少平等之本性。只要是一个人，比如君主，是独掌且不受制约地运用国家最高权力的，不论是晋灵公、秦灵公，还是哪家哪姓的君主，古今中外，厚敛与重税，或者奢靡浪费，概莫能外。

（原载 2013 年 11 月 26 日《深圳特区报》）

防风氏：中国传统财税制的首位祭品

　　关于防风氏，历史文献记载得实在太少。

　　据《国语·鲁语》载：吴伐越，堕会稽，获骨焉，节专车……客执骨而问："敢问骨何为大？"仲尼曰："丘闻之：昔禹致群神于会稽之山，防风氏后至，禹杀而戮之，其骨世专车。此为大矣。"客曰："敢问谁守为神？"仲尼曰："山川之灵，足以纪纲天下者，其守为神；社稷之守者，为公侯。皆属于王者。"客曰："防风何守也？"仲尼曰："汪芒氏之君也，守封禺之山者也……"可见，防风氏守封禺之山，是一方首领，是封禺之地的保护神。因此，当地百姓建祠祭祀他。据资料记载，防风祠始建于西晋元康初年。按明朝沈溥《防风氏庙记》所载，祠"前为三门，正殿五间，香亭五间，左右廊庑一十六间，四厦，神厨三间两舍，殿中具像，设神座如制，诚足以庇风雨，妥威灵，昭醴荐也"。到了五代时，吴越王钱镠重建。

　　据考证，防风国的遗址就在今浙江省德清县下渚湖畔的二都村。关于防风国的来历，据说是大禹杀了防风氏后获知，防风氏迟到，并不是因为他"居功自傲，目无君主"，而是因为天目山"出蛟"（苕溪泛滥），无法过河，故而敕封防风氏为防风王，建"防风祠，供奉防风王神像"。据唐《元和郡县志》记载："有封山在武康县东十八里，封、禹之山为防风国故地也。"直到现在，浙江一带每年还有农历八月二十五祭祀防风氏的风俗活动。届时，当地群众会演奏防风氏的古乐，吹着一种足有三尺长的竹筒。同时，有三个披着长发的人，在神殿山舞蹈。

关于防风氏遇害的会稽山，原本叫茅山。就是因为大禹曾在这里会合天下群神，才改名叫做"会稽山"。"会稽"也就是"商议聚会"的意思。又一说认为，"会稽山"得名，是因为大禹杀防风氏后，为了惩前毖后，才下令将茅山改名为"会稽山"，意思是让人们永远记住以"会稽"（与今"会计"同义）为基础的财税审计工作的重要性，不要随意拖欠国家的赋税。

围绕大禹杀戮防风氏这一历史事件，几千年来不知争论了多少次。就是钱塘江两岸老百姓，对大禹与防风氏两人孰是孰非问题的争论也始终没有停息过。江南的老百姓大多站在大禹一边，认为防风氏该杀，但江北的老百姓则认为防风氏体恤民生，不该杀他，防风氏是冤屈而死。以此，从五代吴越国开始，江北百姓就在德清封禹两山之间为防风氏修建了庙宇，年年祭奠防风氏。直至今日，古老的防风庙内，不但保存着吴越国国君钱镠的题碑，年年岁岁祭祀香火不绝，而且 20 世纪，当地有心人还成立了防风氏研究会，设坛讨论并出版《防风氏神话》等书籍，以记述防风氏的事迹。但总体而言，在一个大一统的集权文化土壤上，人们对大禹赞同的多，责怪的少，而对防风氏，则是赞同的少，责怪的多。

毋庸讳言，维持大一统封建集权制的两大关键支柱就是"枪杆子"和"钱袋子"，二者缺一，都不足以维持封建集权制的延续。以此而论，大禹杀戮防风氏，直接的目的就是为了解决"钱袋子"问题，为中国封建集权制文化的发生发展奠定财税基础。而"枪杆子"问题，大禹已经因为治水成功而解决。至此，中国维持大一统封建集权制的两大关键问题都得以落实，中国大一统封建集权制的开启只是一个时间问题。后来的事实证明，在这两大关键问题解决后不久，大禹挑战传统的禅让制，将治理国家的大权据为己有，并在他死后，传给了自己的儿子启。从此，中国封建集权制开始在华夏大地上生根繁衍，封建集权制文化也逐渐在九州生根发芽。

显而易见，防风氏是中国传统封建集权财税制的第一个祭品，也是中国传统封建集权制的第一个牺牲者。

据先秦古书《吕氏春秋·当务篇》记载说："禹有淫湎之意。"意思是说，由于率众治水的成功，大禹被民众崇拜，权力也越来越集中，自己在民众中的地位日渐上升，于是开始飘飘然，开始乐于贪天之功，渐渐远离百姓，成为居于万民之上的"天子"。因此而以自己政绩的卓然，逐渐遮掩置换了权力的合法性问题。故而便有了以财税审计之名，怒杀防风氏，侵吞国家"钱袋子"支取权力的独断专行。可以说，杀戮防风氏，就是他滥用手中权力的明证。这在当时，显然是一种空前反常的行为。因为在氏族社会中，按习惯法，对违反氏族社会行为规范的最严厉的惩罚也不过是流放而已。而此时手握大权的大禹，竟然凭借一己的情绪，滥用手中的权力，未经氏族全体成员的同意，就杀掉了一个部落的酋长。这实在不是一个好的兆头。接着，大禹最关心的当然是如何把民众赋予他的权力永远据为己有。历史证明，大禹死后，社会的最高治理权力就成了他的私产，还传给了他的儿子启。

悠悠千载，关于防风氏的功过得失，自有人评说。但那最公正的评价，不会因为人们有可以自由评说的权利而改变。在如今的防风氏庙大殿上，有一副无名氏写的长联，上联"五千年藩分虞夏，矢志靡它，追思洪水龙蛇捍患到今留圣泽"；下联"一百里壤守封禺，功垂不朽，试看崇祠俎豆酬庸终古沐神庥"。这可谓对防风氏立国安民、兴修水利，发展农业丰功伟绩的简要概括，而历代人民对防风氏的祭奠盛况，则是对防风氏功过的最好评价。

写于 2006 年 10 月 23 日

179

孙武为何以税负论兴衰

孙武是我国春秋时期军事家，其所著《孙子兵法》被誉为"兵学圣典"，置于《武经七书》之首，也先后被译为英、法、德、日等文，是国际上最著名的兵学典范之一。

有意思的是，孙武论国家之存亡兴衰，判定敌对势力大小之变化，竟然是根据其境内征税税率的高低、老百姓税负的轻重。史载，有一日，吴王阖闾问孙武："六家世卿分别掌管晋国地方，谁先灭亡？"孙武答曰："范氏、中行氏最先灭亡。"吴王又问："接着谁先灭亡呢？"孙武答道："其后韩魏两家灭亡。赵氏因为没有抛弃过去的赋税制度，晋国最后归他统治。"吴王惊问其故，孙武答曰：这六家虽然都在各自领地内施行了田赋制度，但周朝规定百步为亩，而范氏、中行氏改成每一百六十步为一亩，智氏改成每一百八十步为一亩，韩氏、魏氏改成每二百步为一亩，独赵氏改成每二百四十二步为一亩。这意味着，在每亩征收率一定的情况下，亩制越小则赋税相对较重，亩制越大则赋税相对较轻。自然，赋税轻则百姓高兴，百姓高兴则上下能同心，上下同心国家就能兴旺繁荣。事实上，后来晋国的形势正如孙武所料，范氏、中行氏先亡，实力最强的智氏也在韩、魏、赵三家联手打击下灭亡，最后三家分晋，成长为战国七雄。

问题更在于，为何孙武以税负论兴衰竟然一语中的？原来，在政体既定的前提下，税负越重，则国家从国民那里获得的财富就越多，国民可支配的财富就越少。而且，如果国民交给国家的财富越多，而国家给予国民的公共产品质次、价高、量少的话，势必引来国民更多的"税痛"与怨恨；如果国民交给国家的财富多，而国家给国民提供的公共产品质优、价低、量多的话，国民就会因为生存与发展的需求、欲望、目的得到满足而高兴，进而爱国、爱君。而其他情形，比如国民交给国家的财富少，而国家给国民提供的公共产品质次、价低、量少，同样会招来国民的不满与怨恨。而国民交给国家的财富少，国家却能给国民提供质优、价低、量多的公共产品则是不可能的。可以说，在政体既定的国家之间，以税负判定其兴衰存亡是一种简易的方法，也是比较客观准确的。但是，如果政体不一样，要用税负高低判定一个国家兴衰时就要十分谨慎，不可以偏概全。

归根结底，判定一个国家兴衰的终极标准在于——能否增进全社会和每个国民的福祉总量，以及增进的大小与多少。具体说，凡是增进国民福祉总量越多的税制，就越优良，而这样的国家就越能可持续发展、就越能繁荣进步、就越能兴旺发达。相反，凡是增进国民福祉总量越少的税制，其税制就越差，而这样的国家就不能可持续发展，就会停滞落后。

当然，一个国家的税种构成不一样，国民的税痛敏感度也就不一样，从而也会成为影响这个国家存亡与兴衰的重要因素，比如以直接税为主、间接税为辅的税制，国民的税痛感就强。问题是，这种税制虽然有助于纳税者对政府及其官员用税效能的监督，但有时也会加剧征管的成本。同样，"以间接税为主，直接税为辅"的税制，虽然有麻痹纳税者痛感的弊端，但在转型期，似乎又不能完全否认它存在的价值。

如此观之，孙武之得失显而易见。固然，六家世卿存亡兴衰之理，与其征税税率、老百姓负担轻重有关，但根本说来，则在于他们过多剥夺了老百姓创获财富的自由自主权利，显失公正与平等，没有真正发挥国家的本分职能，满足百姓的生存与发展需求。

（原载 2013 年 05 月 21 日《深圳特区报》）

赵匡胤《誓碑》之当代误读

公元 960 年，赵匡胤发动陈桥兵变，黄袍加身，从后周柴氏手中夺取政权，成了新一代皇帝。若循故例，他对前朝、政敌，一定会斩草除根，以绝后患。

但赵匡胤一反故习，对柴氏眷属倍加礼遇，临终，还以"政治遗嘱"的形式，史称誓碑，告诫后世嗣君，不能亏待柴氏后人，"不得杀士大夫及上书言事人"，"不加农田之赋"。以天警戒："子孙有渝此誓者，天必殛之。"

誓碑"高约七八尺，阔四尺余，誓词三行，一云：'柴氏子孙，有罪不得加刑，纵犯谋逆，止于狱内赐尽，不得市曹刑戮，亦不得连坐支属。'一云：'不得杀士大夫及上书言事人。'一云：'子孙有渝此誓者，天必殛之。'"

平心而论，与历代血腥暴戾、横征暴敛之君相比，赵匡胤此举，应属宽厚仁慈之行。其誓碑所示内容，多少有些人道的价值意蕴，相对而言，文明一些。毕竟，前朝子嗣也属于人，应该给予基本的人道待遇。而"不得杀士大夫及上书言事人"，千百年来，更为知识者所称道。同样，"不加农田之赋"也有进步意义。因为在传统社会，"农田之赋"是加在老百姓身上的最重包袱，不加"农田之赋"意味着，老百姓还可以苟活人世。

问题在于，一些对传统文化特别眷恋和偏爱的文化人，或者期望未来中国的文明转型应该有自己本土之根的学人，以此为据，发微求索，甚至不惜牵强附会式地过度诠释，以为誓碑内容具有宪制的精神指向，认为赵匡胤的"祖宗家法"，"实际上就是中国古代的宪制，那是在皇帝制度条件下治理国家的最高原则，其价值和意义，与当今的宪制概念没有区别"。

笔者以为，此论实在值得商榷。

以为誓碑内容具有宪制精神指向的观点，显然夸大了《誓碑》的当代意义。且不说，誓碑体现的是赵匡胤一家一姓的意志，哪怕是结果能有助于缓解老百姓的生存压力，也应该审慎发微，千万不可过度阐释其微言之义。

当然，更不要说赵匡胤建立起来的专制皇权国家体制了。因为，凡是专制体制，一定是国家最高权力属于皇帝一人独掌的体制，是理论上皇帝可以不受任何限制的体制。因此，哪怕是理性的皇权运行过程中所自设的各种内部监督制衡机制，都不过是皇权专制体制的利己计较而已，其价值仅在于，与过度残暴的专制体制相比较，相对温情一些而已。

自然，仁慈的君主总比残暴的君主好一些，但毕竟都属于"把人不当人看"的体制之君主。差别仅在于，一个理性些客气些，还能讲一点点道理，另一个则极端自私，蛮横不讲理而已。从本质而言，一切企图从誓碑等传统文本出发，企图为中华未来文明转型提供精神营养的知识人，其心或许仁慈真诚，其动机也许善良纯洁，但其效果实在不敢期许太多。总之，必须时时提防誓碑内容被误读和利用。

（原载 2014 年 2 月 25 日《深圳特区报》）

朱元璋的以民为"资本"赋税观

和历代开国皇帝一样，鉴于前朝横征暴敛、民变四起的深刻教训，朱元璋也采取了一系列减免百姓税赋、救助贫困灾户，进而缓和阶级矛盾的重要措施。

明王朝建立之初，他就说："善政在于养民，养民在于宽赋。"并告诫各州县官员："天下初定，百姓财力俱困，譬如初飞之鸟，不可拔其羽，新植之木，不可摇其根。要在安养生息之。"洪武十八年(1385年)对侍臣讲："保国之道，藏富于民，民富则亲，民贫则离。民之贫富，国家休戚系焉。"而且认为："为君者，欲求事天，必先恤民。恤民者，事天之实也。"因此，他"一从朴素，饮食衣服皆有常供，唯恐过奢，伤害民财"。

在朱元璋看来，要行仁政，就得减少百姓的赋税。为此，官吏就应该节约财政支出，减少浪费。他对刘基等讲："以朕观之，而息民之力。不节用则民财竭，不省役则民力困。"因此，"不施实惠，而慨言宽仁，亦无益耳"。而且，他和马皇后带头节俭，经常忆苦思甜："今贵为天子，富有天下，未尝一日忘怀。"为了节省朝廷费用，他提出："内臣但备使令，毋多人。"并要求军人边打仗，边生产，实行军屯。同时还通过招募鼓励流民屯田，由官府提供耕牛、种子、农具等支持，减轻百姓负担。而且，据《明吏·食货志》记载，洪武年间，贫困户和老年人的口粮也由政府提供，同时还设园安葬死去的贫民。"初，太祖设养济院收无告者，月给粮。设漏泽园葬贫民。天下府州县立义冢。又设养老之政，民年老八十以上者赐爵。复下诏优恤遭难兵民。"

　　同时，朱元璋也特别重视免税和赈灾。"凡四方水旱辄免税。"就是丰收之年，也选择土地贫瘠、产量低的地方和贫困户给予免税。而对受灾的地方，不仅免税，"且贷以米，甚者赐米布若钞"，即向受灾的民众赐送米、布、现钞。为了保证救灾效果，对官员救灾不力者会给予严厉处罚。对官府不及时上报、赈者，"许耆民申诉"，对相关的官员，则"处以极刑"。而且明示，凡遇灾年，户部应先开仓赈济，后奏报。据史载，朱元璋"在位三十余年，赐予布钞数百万，米百余万（石），所蠲租税无数。"正因如此，史书对朱元璋赈灾救民的称颂也较多。事实上，朱元璋的这一规定，一直沿用至明后期，"灾荒疏至，必赐蠲赈，不敢违祖之制也"。而且，为了防止官吏贪污赋税，朱元璋制定并执行极其严酷的刑罚。洪武末年，驸马都尉欧阳伦（安庆公主的丈夫）擅自做私茶的生意，也被他以"有法必行，无信不立"的名义赐死。

毋庸讳言，仅朱元璋的上述赋税措施而言，表面看，真可谓"以民为本"的治税典范了。然而，朱元璋所做一切真的是以所有老百姓为"根本"，是为了全体老百姓的福祉利益吗？要回答这个问题，或许应该先听听朱元璋从养蜂人那里获得赋税治理启示的故事。

话说朱元璋一日微服私访，碰到一个养蜂的老人（这个老人与他同年同月同日生）。朱元璋问老人养了多少蜂？一年到头割几次蜜？日子过得怎么样？养蜂老人回答说，他养了十三箱蜂（这恰好与朱元璋管辖的中国十三布政司吻合）。养蜂老人又说，春夏花多，蜂酿蜜容易；秋后花少，酿蜜就不易。他心地仁和，不像那些狠心的养蜂户，总是把蜂蜜割尽，而只割十分之三的蜜，留七成给蜜蜂吃。所以卖蜜换吃穿，量入为出，还算平平安安，度过了五十年。而那些狠心的养蜂户，每年都会让许多蜜蜂被饿死。所以，他们的生活都不如自己。朱元璋因此暗想，他有蜂，我有民，我必须让民有余，才有人交纳赋税。应当用养蜂老人的心肠和办法来养民，否则，一旦民穷，便会国亡。百姓与蜜蜂一样，同是生命；治国与养蜂一样，理也相同。由此可见，朱元璋的赋税统治观，绝不是以民为"根本"，不过是以民为"资本"而已，他治民，不过如养蜂老人养蜂一个道理，都是为了自己一家人过上好日子而已，是为了他们朱姓江山的万年长而已，其出发点都是为了自家的利益，不是为了蜜蜂的利益，也不是为了百姓的利益。

事实上，为了朱姓江山的万代，朱元璋再一次恢复并完善了前朝非人、全权的专制制度。为此，他总是以为"民"的名义，既滥杀官吏，滥杀士人，也滥杀无辜百姓，包括所谓的减免赋税、救助鳏寡孤独的措施，其出发点和动机无不是为了他朱姓一家之江山。尽管他伪善地声称要实行仁政，要以民为"本"，其实，他是以全面剥夺所有国人的基本尊严与权利为代价的。遗憾的是，有人竟然看不到朱姓专制制度的残酷性与虚伪性，竟然为朱元璋的所谓减免赋税、救助鳏寡孤独的措施，以及滥杀贪污官吏的做法极尽赞美之语。岂不知，他连为自己看家护院的官吏都可以任意杀戮，万千蝼蚁般生活的百姓，在朱元璋的眼里又值几文？又岂能成为他统治的"根本"？如果看看朱元璋防范百姓造反的《大明会典》，便可略知其一贯的虚伪性与残酷性了。《会典》规定："凡军民人等往来，但出百里即验文引，如无文引，必擒拿送官。仍许诸人首告，得实者赏，纵容者同罪。"换句话说，朱元璋所谓的仁政，所谓的以民为"本"，不过是其愚民术的另一个版本而已。就其本质而言，他和历代专制帝王一样，都不过是以民为"资本"而已。如此观之，朱元璋那些所谓的减税免税措施，均衡赋税负担的措施，包括他个人的一些节俭行为，等等，无不服从于朱家一姓之永远统治的利益而已，无不是为了朱家江山的千秋万代。因此，如果看不透这点而失去底线地为其专制张目，甚至大唱赞歌，如果不是自欺，一定是居心叵测，为了欺人。

（原载 2013 年 5 月 28 日《深圳特区报》）

大厦将倾　造物弄人
——晚清理财能臣柯逢时其人小记

大厦将倾，造物弄人。

1912 年，晚清理财能臣——柯逢时，在做了自己人生最后一次挣扎与努力之后，伴随着风雨飘摇的清王朝的覆没，告别了自己艰难而悲剧式的 67 载人生。柯逢时的一生，可以说，于小德无可挑剔，他忠君尽职，任劳任怨。他才识过人，官运亨通，在时人眼里，也算恩荣辉煌。然而，他的一生，却与大德相去甚远，为世人空留几许惋惜与悲叹。

柯逢时的悲剧，虽然是那个时代造就的，但却缘于他早年的人生选择。正如一个赌徒，他的选择就是他的命运。他虽然渴望"逢时"，但他的大运不佳，一生一世只是把握了加官晋爵的机遇，在清王朝的权力游戏场中屡屡得手，但最后，却坠落在造物的大手孤掌之中，逢小时而违大势，走小运而背大道。

柯逢时生于 1845 年，字懋修，号巽庵，是湖北武昌（今鄂州）人，后移居武昌城。公元 1883 年，也就是光绪九年，他金榜题名，高中进士。从此，点翰林，改庶吉士，授翰林院编修。一生历任江西按察使、湖南布政使、广西巡抚、兵部侍郎、"督办八省膏捐"大臣兼总理各国事务大臣、湖北铁路协会名誉总理等职。辛亥革命前夕，授浙江巡抚，但他托病在家，拒绝赴任。辛亥革命后，他定居武昌城，观望清廷和湖北军政府动态，当革命形势迅速发展时，他曾组织当地绅商成立武昌保安社，自任社长。

柯逢时一生，对清王朝可谓死心塌地，匍匐尽忠。1901年，清帝谕旨各省筹设警察巡军，时任广西巡抚的柯逢时，积极响应，立即实施，对绿营制兵抚标两营及桂林城守营练军进行整顿，挑选裁汰，同时募精壮百姓，组编巡兵600余名，在省城创建警察总局。也是在广西任上，恰遇商人抵抗新税制，他镇定自若，临危不惧，果断应对，声言"统税必行，违者拿省惩办"，坚决捍卫了"新税制"。同时，也因为在抚赣期间的措置不当，被时人所诟病。有人曾在半夜里，在巡抚墙上贴出一副对联："逢君之恶，罪不容于死；时日曷丧，予及女偕亡。"横批曰："执柯伐柯。"意思是："逢君的罪恶，死有余辜；你为何还不死？我愿与你同归于尽。"横批意谓："就用这把柯（斧子）去讨伐那个柯某。"而且，上下联和横批中各自嵌入"柯逢时"这三个字中的一个。值得一提的是，柯逢时每每在任，大多站在地方利益的立场上，为百姓谋福利。这在一些为官者来说是出于职责的要求，对于另一些为官者而言，也许是一种作秀，以欺视听。至于柯逢时那时的真实动机是什么，现在虽无法考证，但从他的习惯看，柯逢时也许确实在为地方利益奔走。1902 年，柯逢时任江西布政使协理巡抚时，他十分重视陶务，专门上呈发展陶务的奏折，为地方争取利益。

作为末世清廷的干将，柯逢时的才干虽然在其他任上已经得以展现，而且表现也可圈可点，但柯逢时能力的真正展示，却是他在帮助清廷打理鸦片税收的"督办八省膏捐大臣"任上。客观地讲，在每一个王朝更迭的年代里，作为末世能臣，只有身怀理财之能者最为朝廷重视，最能被当权者看重。这是因为，末世王朝的总体危机大多是从财政危机开始的。末世清廷，同样难逃此劫。在内忧外患的压迫下，财政每每捉襟见肘，左支右绌，甚至寅吃卯粮。对外，庚子赔款等一系列巨额资金需求犹如饿狮张口；对内，各种志在图强自新的新政刚刚起步，资金短缺，求救之声日剧。海防建设需要资金，练兵需要资金，洋务需要资金，办学需要资金，等等，这一切，都在加剧清廷的财政压力，威胁着清廷的统治基础。因此，如何缓解财政压力，是末世清王朝最为迫切的大事。而寻找理财能臣，救王朝于覆灭，则是末世王朝梦寐以求的渴盼。柯逢时正是在这种形势下，得力于其师张之洞的举荐才被清廷选中的。

毋庸讳言，张之洞在为柯逢时谋得肥差的同时，也将柯逢时推进了各种利益矛盾的旋涡中心，考验柯逢时应变危机与化解矛盾的能力。在各种矛盾冲突的旋涡中心，上有度支部、财政处、练兵部等中央部门的经常性申斥与刁难，下有地方权臣的挤兑与冷箭。在这样的情势下，柯逢时只能勉力而为，认命从势。不过，就柯逢时个人仕途而言，正因为清廷加强土膏统捐事务，才使他有机会在这个职位上进一步展示了自己的才干，享受更高权力带来的快感。然而，由于清廷加紧"土膏统捐事务"的真正目的，是为了与地方分吃鸦片税收之利，弥补日益紧张的财政亏空。因此，柯逢时也被置于中央与地方争夺利益的夹缝之中。这一点，连英国驻武昌的领事馆员 H.A.Ottewill 也看得十分清楚，他说："（八省土膏统捐）的根本原则厥为土药税收悉由北京的中央政府从省当局拿走，并由中央承办。各省收到相当的固定款数，中央则获得其余，而不是像中国的通则那样，中央政府仅从各省收受一固定款数。"其实，"八省土膏统捐"看似为了筹措巨额军费，本质上是清廷为了通过财政集权而加强政治集权，维护岌岌可危的清王朝统治。结果，导致清廷与地方之间、地方与地方之间，以及清廷与地方官员之间、地方官员之间的矛盾日益加剧。

由于"八省膏捐大臣"是个肥缺，而且处于清廷与地方之间、地方与地方之间，以及清廷与地方官员之间、地方官员之间矛盾的火山口上，因此，处理起来特别棘手，而且容易诱发<u>丛怨</u>。这是因为，地方抵制清廷中央集权的趋向非常明确。而柯逢时面对的第一个公开挑战者是广州督抚岑春煊，他对清廷"八省膏捐"本身和柯逢时的任命都不赞成。而且，由于柯逢时按照清廷户部的计划，一心想把两广地区的"土膏统捐"纳入总局的范围内，结果引起粤桂方面的强烈抵制。而这，实际上缘于一桩纠缠久远的旧怨纷争。而更大的麻烦是——凡是八省膏捐涉及的地方督抚联合起来上奏，意欲扳倒柯逢时。但柯逢时在危机与艰难之中，展示了他卓异的权变智慧。面对各省"明争暗斗"所形成的巨大压力，他主动放弃了对清廷中央政策不折不扣执行的立场，选择了"既符合中央的意图，又不拂去各省期望"的折中态度，促使双方都让一步。而且，他特别提醒中央，不要对土膏捐税估计太高，言下之意，不要搜刮太多。也提醒户部和练兵处，不可期望太高。由于柯逢时更多地站在地方立场上，为地方说话，这才逐步缓解了与地方的对立情绪。因此，他也受到清廷中央部门的多次责问。在"八省膏捐大臣"位上，柯逢时一直熬到 1908 年，才有人为他说好话，肯定他的成绩。认为他督办全国土药出力较多，劳怨不辞，应该给予他奖赏。于是奏报清廷，赏给了他一个尚书衔。

　　1911 年辛亥革命前夕，清廷已经奄奄一息，但柯逢时仍然抱有幻想。与汤化龙、连甲（布政使）、马吉彰（按察使）在他家里开会，策划电请清廷，派大军南下，另委湖广总督，以应时局之变化。然而，大厦将倾，无人能扶。关键时候，还是汤化龙派人向他"借"来电报密码，又请俄国驻武汉领事馆领事代发，通电全国各省谘议局响应武昌革命。可以说，柯逢时为推翻主子的政权，也十分不情愿地帮了革命党的忙。但在1911年武昌起义后，柯逢时即与被迫出任军政府鄂军大都督的黎元洪暗中勾结，假借谭延恺之手谋杀了鄂军统领宋锡全，维护清廷利益。

清廷覆灭后，柯逢时见大势已去，只能赋闲武昌，着手专项收集医书，自费开设了武昌医馆，招收学员，传授医学知识。并组织其中优秀者参与医书的整理校勘工作，出资刻书出版。经他所校刻的医书，文字精练，内容严谨，深受后人好评。

柯逢时的一生，毁誉交加。有人说他曾经中饱私囊，在土药统税大臣这一肥缺中，以权谋私。因为柯当时驻汉口，多数省份的土税征收官员均由其委派，"岁得公费羡余甚巨，竟以致富"。也有人感念他悬壶济世，捐资助学的善行。1891年他在做陕西学政时，曾经奏建刊书处，创建书院，书院先后由史梦轩、柏子俊、刘古愚主持，历经30年，于1903年改为泾阳县立小学堂。柯逢时的一生，或褒或贬，由人自说。但对于一个政治人物而言，其政治生涯的顺逆兴背，功过是非，必须接受历史的最终裁判。

大厦将倾，造物弄人。柯逢时的悲剧固然是一个时代的悲剧，但也是他的自愿选择。柯逢时一生虽然对朝廷愚忠有加、鞠躬尽瘁，道德人格似无大疵。但他不能，也无法拒绝后世对他的"苛求"。

写于 2005 年 7 月 25 日

"毁尽文章抹尽名"
——从倪瑞璇涉税诗歌《闻蛙》谈起

　　这是一篇走心的文债，时隔两年，必须偿还了。

　　那是前年，因公赴江苏宿迁，会议后主办方安排短暂的马陵公园参观活动。本来无趣无味的"被"活动，却因为无意间在小径旁发现女诗人倪瑞璇的涉税诗歌——《闻蛙》而兴趣盎然。至今还记得那时那刻的情景，又是反复吟咏，又是不停地换角度拍照，内心的激动与感动可想而知，遂私下承诺，一定要写一篇关于她的文章，以示敬意与缅怀。

　　纠结的是，等回家后查阅了倪瑞璇相关的资料，却有一种"眼前有景道不得，崔颢题诗在上头"的尴尬，感叹自己邂逅的这位才女，竟然是一位被誉为堪与李清照比肩的女诗人。清朝中期诗坛领袖沈德潜誉："独能发潜阐幽，诛奸斥佞，巾帼中易有其人耶！每一披读，肃然起敬。"倪瑞璇也是一位被翟沄洙誉为"无粉黛脂泽之色，有风霜高洁之象，岩岩如对正士端人"的女诗人。在秋瑾眼里，她则是一位"'秋雨秋风愁煞人'，三百年后，只此一奇女子，足以与倪瑞璇并传"，而且，"不仅近世一可传之人，实旷代仅有之女民族诗人也。"

事实上，笔者两年前在宿迁马陵公园撞见的那首诗《闻蛙》，不过是她遗存《匣存诗集》111 首诗歌中的一首而已，诗云：

> 草绿池清水面宽，
>
> 终朝咯咯叫平安。
>
> 无人能脱征徭累，
>
> 只有青蛙不属官。

前两句无疑是通过比兴手法，铺排营造一种意境，构筑一种天人合一、合乎自然法度的祥和氛围，后两句即笔锋陡转，直指封建皇权专制体制下老百姓的赋税与徭役之累。这徭役之累，即是税负，是"税痛"，意味着老百姓血汗被官府剥夺的程度，既有金钱的损失，也有精神人格的牺牲。一是因为这些赋税与徭役"无人"能逃脱，即每个老百姓都无法避免，都得交纳和完成；二是因为这赋税与徭役之沉重，已经把老百姓逼到了没法活下去的境地，对天呼号，对地乞灵，以至于羡慕起青蛙的生活；三是这种百姓之赋税与徭役之累，给百姓带来的是灾难与痛苦，给官吏带来的却是"快乐"。

浅表地看，作者似乎羡慕青蛙自由自在吟唱的快乐生活。根本说来，诗人是在映衬皇权专制者的暴虐，以及官家横征暴敛的残忍与无度。正如老子所言，"民之饥，以其上食税之多"。

其实，诗人《闻蛙》一诗中所持有的价值立场，与她心中固守的人格追求是一以贯之的，可以说，贯穿于她存世的大多诗歌，渗透于她对人、对事、对社会的观察与认识。17岁时，她就在诗中精辟地指出，从秦始皇到明朝历代帝王中，从来就没有一个真正靠仁义来统治天下的君主，仁义不过是帝王统治天下的借口而已。有《过兴龙寺有感》为证："自从秦与汉，几经王与帝，功业杂霸多，岂果关仁义？"

而且，她还假借明王朝最终覆灭的前车之鉴，警示现实当权者。对忠义之士，她则高度赞扬。在《读李忠毅公传》中，她极力颂扬李忠毅公刚正不阿与临危不惧的品格："犯颜挺上书，原忘计刀俎""丹心照云霄，碧血洒图圄"。

当然，基于同样的价值立场与方法，倪瑞璇对地方官总爱为自己树碑立传的丑行自然愤慨万分，在《德政碑》中，她就无情揭露官吏们从来就无"政德"可言，不过"后先成例如相袭"而已。因为，如果统治者真有德政，"如何官去今朝始，明日逢人皆切齿？"所以她就倾其辛辣嘲讽之才，大展其逻辑的力量，奉劝那些无功而要立碑者："有碑不若无碑好，一日碑存一日笑！"

遗憾的是，尽管"瑞璇六岁闻兄读《易》，过耳成诵，核之书，始识字。闻舅氏讲《圣经》，颇能意会，常往听，自后解句读。有扞格处以意会之。七岁学为古文、八岁作《九河考学诗》及骈体。九岁读宋五子书，识性道渊源。著《周易阐微》《中庸折中》《大学精义》",但她所留于世的这 111 首诗,竟然是她尚未烧完的诗歌遗稿,是由她的丈夫"抢救"结集而成。至于倪瑞璇为何要烧诗稿,都说她担心当时"文字狱"给亲人带来灾难。因为在她的诗中,有不少属于咏史寓慨、借古讽今之作,蕴含着对现实的不满,对奸佞之徒的鞭笞,以及对权贵们荒淫骄奢之行的遣责,还有对朝廷苛捐杂税的痛恨与揭露等。因此,她才趁丈夫为其外出请医之际,焚毁了自己的诗文,待丈夫归来责怪她时,她只是含泪答曰:"妾一生谨慎,计犯天地忌者此耳,曷用留之,以重余罪!"

然而,此说虽合情理,但却未必全解诗人一片孤心。古今中外,焚烧诗文者多矣!固然也有和倪瑞璇一样的计较与说辞,比如李贽就直接给自己的书取名《焚书》,也是因为担心自己的文字为世俗不容。或许正是因此之故,焚毁者大多以为,与其难逃被焚烧的命运,倒不如自己亲手执法,亲眼看着它灰飞烟灭更放心。不过,另一些焚毁文稿者,则是为了表达自己的一种态度。不是宣示对自己的绝望,与过去自己的诀别态度,就是为了表达对这个污浊世界的绝望。郑板桥在《沁园春·恨》里的一句:"焚砚烧书,椎琴裂画,毁尽文章抹尽名。"卡夫卡在遗嘱里对好友"凡是我遗物中的一切稿件(即书箱里的、衣柜里的、写字台里的、家里和办公室里的,以及不论弄到什么地方去的,只要你发现到的),日记也好,手稿也好,别人和我自己的信件也好,等等,毫无保留地，读也不必读地统统予以焚毁"的苛求，凡此等等，或许才是作者焚毁文稿的真实动机。

"毁尽文章抹尽名"，不到三十岁的倪瑞璇，终于过早地谢世，离开了亲人，从她仅存的这些诗歌里，我们依然能够感悟到她济世爱民的价值取向，以及向往和拥抱文明的"人本"情怀。

她无疑也在启示我们，知识人向来都以学识与智慧服务世人为职分，以引导文明为志业。因此，审视与省察、提醒与规劝、批判与棒喝等价值提醒，向来都是他们立世的根基。甚至可以说，如果偏离了这个根基，也就意味着背叛与失职。如此观之，倪瑞璇也是我们知识人的楷模与榜样。生命虽短暂，意义却恒久。"毁尽文章抹尽名"，原是为了一种职份，一种使命！

2014 年 10 月 13 日

古诗中的税吏形象

诗能证史，自古亦然。意思是说，透过诗歌可以证明历史，为历史人物或事件提供另一种佐证与说明。自然，透过古诗，也可以管窥以往历史中税吏这个特定群体的职业形象。

遗憾的是，古诗中记载的税吏形象，大多是负面的。正面的虽然也有，但毕竟太少。而且，就是一些关于税吏的正面形象之诗，也多是个别税吏自己所作。比如白居易的《观刈麦》等诗，就是他在今陕西省周至县做基层税吏时所写。他在诗中扪心自问："家田输税尽，拾此充饥肠。今我何功德，曾不事农桑。吏禄三百石，岁晏有馀粮。念此私自愧，尽日不能忘。"其文化税吏的悲悯情怀尽显。在《买花》一诗中，则对当时社会贫富差距悬殊问题非常愤怒："有一田舍翁，偶来买花处。低头独长叹，此叹无人喻。一丛深色花，十户中人赋！"

另一个用诗记载过税吏正面形象，而且自己本身既是诗人又做过税吏的人则是元好问。这位金朝官吏，虽然愧于不如远祖次山公一样，能为民请命、减免赋税，甚至不惜丢掉官职，但至少敢于拿朝廷的税吏开玩笑。有意思的是，当他一朝税权在握的时候，则是任劳任怨，一再督促百姓照章纳税，告诉百姓，有条鞭子在监督你们。有诗为证，他在《内乡县斋书事》一诗中，一方面回顾远祖次山公（唐代诗人元结）因百姓赋税繁重而写的诗"思欲委符节，引竿自刺船"，对照反省，抒发自己"吏散公庭夜已分，寸心牢落百忧熏"的忧税之心。并且注意约束属下官吏，不要四下扰民，一定要多讲道理："教汝子若孙，努力逃寒饥。军租星火急，期会切莫违！期会不可违，鞭扑伤汝肌。伤肌尚云可，夭阏令人悲。"

另一方面，元好问则深情追忆唐代另外一位在道州担任过刺史，深受百姓爱戴的官吏刘云卿。在《宛丘叹》一诗中，他这样记述其功德："碑前千人万人泣，父老梦见如平生。"也认可同时代官吏王阮的为人为官之道。王阮的为人为官之举，可通过其诗《新昌久别一首》略知一二，诗曰："春命诛求下户贫，抗章恳白上官嗔。与其重敛毒千室，宁以深文终一身。吏务循良邦有赖，士虽贫贱气宜伸。空烟亭下桃花水，好送扁舟欲去人。"其正气、正义、正直之心苍天可鉴。

事实上，这也是笔者迄今为止在古诗中，所见税吏正面形象仅有的几例。白居易虽然身在税门，但却对皇权赋税制下的百姓贫困生活忧心忡忡，其怜悯之心溢于言表。当然，也有不少士人为官后，如陆游等，也有类似的爱民之心。只是限于资料，未及梳理而已。但毋庸讳言的是，在笔者目前所搜集的有限赋税古诗之中，能够接触到的税吏形象，大多都是酷吏、恶吏，或是狡吏、伪吏、俗吏、呆吏等。而且，在历代百姓眼里，多是"吏一呼门，动为人蠹"的恶吏形象。

毋庸讳言，"苛政猛于虎"，是说苛酷的赋役及其代替皇帝四处搜刮民财的税吏比虎还毒。对此，元代少数民族诗人遁贤在他的《新乡媪》一诗中这样记载："茅椽雨雪灯半昏，豪家索债频敲门，囊中无钱瓮无粟，眼前只有扶床孙。是朝领孙入城卖，可怜索价旁人怪。骨肉分离岂足论，且图偿却眼前债。数来三日当大年，阿婆坟上无纸钱。凉浆浇湿坟前草，低头痛哭声连天。"可见，税赋之苦，已将百姓逼迫到卖儿卖女，尊严尽失的地步。而王冕在其名诗《伤亭户》中是这样控诉税吏的："课额日以增，官吏日以酷。不为公所干，惟务私所欲。田园供给足，嗟数屡不足。前夜总催骂，昨日场胥辱。今朝分运来，鞭笞更残毒。灶下无尺草，瓮中无粒粟。旦夕不可度，久世亦何福？"杜荀鹤在《题所居村舍》一诗中也表达了对酷吏、恶吏冷酷本性的愤怒："家随兵尽屋空存，税额宁容减一分。衣食旋营犹可过，赋输长急不堪闻。蚕无夏织桑充寨，田废春耕犊劳军。如此数州谁会得，杀民将尽更邀勋。"

而且，这些酷吏、恶吏们，就是在人家嫁女儿的时候，也不放过追缴赋税的机会。苏轼在《陈季常所蓄朱陈村嫁娶图》一诗中对此就有详细的记载："我是朱陈旧使君，劝耕曾入杏花村。而今风物那堪画，县吏催钱夜打门。"同样，在老人过重阳节的时候也不给人面子，要扫老人的兴致。刘克庄在《即事一首》中写道："赐帛恩深优故老，催租人至败重阳。西风烂熳开蓉菊，不管先生两鬓霜。"就是古今屈指可数的改革家王安石，也对税吏的贪酷感慨万千，他在《感事》一诗中这样记录当时酷吏、恶吏的形象："特愁吏之为，十室灾八九。原田败粟麦，欲诉嗟无赇。间关幸见省，笞扑随其后。况是交冬春，老弱就僵仆。州家闭仓庾，县吏鞭租负。乡邻铢两征，坐逮空南亩。取赀官一毫，奸桀已云富。"因此，王安石认为，老百姓之苦，首在"吏之为"，即官吏们的滥用权力。或者说，百姓遇到不公，欲求无门。而且，在青黄不接的季节，官吏们不但不放赈救灾，还要继续催租收赋。而这些税吏们之所以如此冷酷无情，皆是因为一己之私，为了借机敛财。

而且，税吏们还经常自作主张，随意扩大征收范围，横征暴敛，就连当时的僧尼们也不放过。对此，郑珍在《僧尼哀》一诗中如此记载："僧尼皇皇不得休，暮叩团总朝团头。借问尔曹何为者，答言昨日新令下。诏书令核常住田，一僧三斛养一年。余谷尽输作官用，官为护法调其间。但过十石十抽五，常平县仓待填补。令条谁抗况僧徒，格外宽仁倚团主。不求报册中，产未及十石。但求略减半，赇谢非所惜。噫吁嚱，朝廷未闻有此旨，纵有亦行乐安里。尔曹平时饱欲死，因应香饭供国储。但惜官之能获能几何，猫翻甑盎狗妖多。"从中可见税吏们的贪婪与无耻。而郑珍在《经死哀》里对税吏的残暴与霸道则做了更为细致的描述："虎卒未去虎隶来，催纳捐欠声如雷。雷声不住哭声起，走报其翁已经死。长官切齿目怒嗔：'吾不要命只要银！若图作鬼即宽减，恐此一县无生人！'"而且，抓其父为人质，要挟其子缴税，"促呼捉子来，且与杖一百"。面对父亲被抓，儿子心急如焚，"陷父不义罪何极，欲解父悬速足陌"。因此，不得不卖房卖屋缴税。"呜呼，北城卖屋虫出户，西城又报隘三五！"税吏们简直活脱脱土匪流氓无赖的嘴脸。

与酷吏、恶吏同类之吏，还有"横吏""暴吏"与"悍吏"，不仅蛮横不讲理，而且皆为暴力征税之吏。郑珍在《南乡哀》一诗里这样记述："提军驻省科军粮，县令鼓行下南乡。两营虎贲二千士，迫胁富民莫摇指。计口留谷余助官，计赀纳金三日完。汝敢我违发尔屋，汝敢我叛灭尔族。旬日坐致银五万，秤计钗钿斗量钏。呜呼南乡之民哭诉天，提军但闻得七千。"而横征暴敛的结果，就是老百姓的呼天号地，生不如死。蒲松龄在《田家苦》一诗中这样写道："稻粱易餐，征输最难；疮未全医，肉已尽剜。东家儿女卖吴越，邻妇夜夜哭霜月。我方踟蹰怀百忧，租吏登门如怒牛。县碟丹书照红眼，隳突叫号声响嘍。小男酒浆罗堂上，归谋老妇相对愁。欲卖国中枣，田宅贱于草；欲贷豪家钱，债券无署保。千思万转仍不果，计卖黄犊尚差可。莫管来年耕不耕，免去眼前道兵火！"其中，税吏"如怒牛"的丑恶形象直入人心。郑板桥在《悍吏》一诗中对"悍吏"的形象是这样描述的："村中杀鸡忙作食，前村后村已屏息。县官编丁着图甲，悍吏入村捉鹅鸭。县官养老赐帛肉，悍吏沿村括稻谷。豺狼到处无虚过，不断人喉抉人目。悍吏贪勒为刁奸，叫呼楚挞无宁刻。"完全一副"豺狼"行径。

　　与酷吏、恶吏言行不一样的税吏则是"狡吏"，即狡猾之税吏。唐代文学家皮日休在《橡媪叹》一诗中这样描述和嘲讽狡吏："狡吏不畏刑，贪官不避赃。农时作私债，农毕归官仓。自冬及于春，橡实诳饥肠。吾闻田成子，诈仁犹自王。吁嗟逢橡媪，不觉泪沾裳。"白居易在《杜陵叟》中则这样描述"狡吏"："长吏明知不申破，急敛暴征求考课。典桑卖地纳官租，明年衣食将何如？剥我身上帛，夺我口中粟。虐人害物即豺狼，何必钩爪锯牙食人肉？不知何人奏皇帝，帝心恻隐知人弊。白麻纸上书德音，京畿尽放今年税。昨日里胥方到门，手持尺牒榜乡村。十家租税九家毕，虚受吾君蠲免恩。"就是说，在皇帝免税圣旨下达之前，"狡吏"们就已经把赋税收缴完毕，老百姓根本享受不到"皇恩浩荡"，即"十家租税九家毕，虚受吾君蠲免恩"。吴嘉纪在《海潮叹》一诗中对"狡吏"们的奸诈与无耻描写得更是入木三分："敛钱堕泪送总催，代往运司陈此情。总催醉饱入官舍，身作难命泣阶下。述异告灾谁见怜？体肥反遭官长骂。"用今天的话说，"狡吏"吃了喝了之后，却无耻地说"对不起，这事很难办"，即是说，无法"代往运司陈此情"。

当然，古诗中更多记载的是"俗吏"与"呆吏"，属于唯上是从，只顾吃喝之徒。于谦在《村舍耕夫》中就说："典余田宅因供役，卖绝鸡豚为了逋。安得岁丰输赋早，免教俗吏横催租。"范成大在《四时田园杂兴》中这样写道："黄纸蠲租白纸催，皂衣旁午下乡来。长官头脑冬烘甚，乞汝青钱买酒回。"其混吃混喝，"不要脸"的形象跃然纸上。而且，"不惜两钟输一斛，尚赢糠核饱儿郎。"同样，刘克庄在其《禽言九首》中对"俗吏"与"呆吏"形象的描述也是淋漓尽致："贵家纨袴金梭织，贫家布袴才蔽膝。半夜打门持文书，脱袴贳酒待里胥。何时赎袴要御寒，亦为官掩催租瘢。"即为了给税吏喝酒，不得不当了自家的裤子。吴嘉纪《江边行》里也有类似的记述："江南谁家不种木？到门先索酒与肉。主人有儿卖不暇，供给焉能餍其欲！"对此等"俗吏"与"呆吏"，王安石在《兼并》一诗里给了无情的嘲讽："俗吏不知方，揜克乃为材。"即不知道赋税征收的原则，眼里只有个人的那一点私利。北宋诗人文同则在《织妇怨》里，详细描写了税吏们督骂、侮辱织妇的情景："里胥踞门限，叫骂嗔纳晚。安得织妇心，变作监官眼！"

毋庸置疑，在酷吏、恶吏、狡吏、伪吏、俗吏、呆吏等官吏的压迫与盘剥下，历史上的老百姓，大多不得不接受顺从、麻木与奴性的宿命。萨都剌在《鬻女谣》中写道："传闻关陕尤可忧，旱荒不独东南州。枯鱼吐沫泽雁叫，嗷嗷待食何时休。"只能乞求皇恩浩荡，圣君明主或者青天大老爷们大发慈悲。

其实，皇权专制赋税制度下，不仅百姓们毫无尊严与人格，争相把努力的锁链往自己的脖子上佩戴。就是税吏们也同样没有基本的尊严与人格保证。因为，归根结底，他们不过是皇家的打手与走狗而已！只是因为有一点欺压老百姓的权力，生存境况比无权无势的老百姓相对好一些而已！因此，由于皇权专制赋税制度的非人道与不公正，就连在锦衣卫里为官，且被封过伯爵的大明王朝诗人郭基，也对皇权赋税制的惨无人道大惑不解，它在《飞蝗》一诗里感慨道："飞蝗蔽空日无色，野老田中血垂泪。牵衣顿足捕不能，大叶全空小枝折。去年拖欠鬻男女，今岁科征向谁说？官曹醉卧闻不闻，叹息回头望京阙。"

一言以蔽之，历史中"酷吏、恶吏、狡吏、伪吏、俗吏、呆吏"的负面"税吏"形象，根本说来就在于，皇权专制者把本应属于每一个国民的国家最高权力通过暴力手段占为己有，且不受实质性的制衡与监督。因此，在这样的无道之邦，税吏们的形象不可能好到哪里去！

（原载 2015 年 2 月 1 日《中国税务报》，发表时有删节）

因税罹难　光耀千秋

——追忆税官思想家顾准先生

税务专管员制度已经伴随着 1994 年的新税制改革成为中国税制发展史中的一个历史名词，但哪怕是从事了一辈子税务工作的老同志，有几个清楚它的来历，明白它对新中国财税事业的贡献，了解其发明人的个人遭遇呢？

税务专管员制度的发明人就是被誉为 20 世纪中国杰出的思想家、经济学家的顾准。他是我国市场经济第一人，是最早思考和研究在中国建立市场经济体制的经济学家。《顾准全传》的作者高建国先生这样评价他："顾准的一生，绝大多数时间在苦难的重压中度过。苦难使他的生活充满激情，也显示了极致的悲剧美感。他时刻面临着生与死，正义与不义等大问题。他热爱与奋发，他思索与创造，他追求与坚持……当生活于'虚浮琐屑文化'的那一部分人类，正为激情永失而迷茫，顾准为了民族苦难、人类命运，焕发出来的无穷力量与充沛激情，使他成为一个巨人，一块丰碑，一座高耸入云的巍巍山峰。在这个世界上，普通人可以不做巨人，但是不能不拥有巨人。人们应该了解顾准的人生之路，理解他的思想，学习他的精神。没有巨人的历史之河是容易干枯的。""他是一个负重而贴近大地的人，天天都生活得真切和实在。""正是他对真理的执着，为一代知识分子洗刷了身上的耻辱，为中国知识分子恢复了应有的光彩！他是中国知识分子的优秀代表。"他罕见的悲惨遭遇——国内唯一的两次戴帽"右派"，大半生的苦难命运，特别是最后十年炼狱般的煎熬，会让任何一个有一丁点儿同情怜悯心的人为之落泪、为之哭泣。

令当下年轻一代难以理解的是，顾准的悲惨命运，完全是我们民族 20 世纪苦难历史的一个缩影，"也折射了 20 世纪波澜壮阔的历史风云"。

1952 年，37 岁的顾准风华正茂，是上海解放后的首任财政局长和税务局长，而他的悲惨命运也就是从此开始。因为他坚持了从上海市税务实际出发的治税思路，不采纳当时解放区长期实行的"民主评议"的税收方法，在上海自行建立了"自报实缴，轻税重罚"，以及"专管，查账，店员协税"的税收方法，被上级部门严厉指责为向"资产阶级知识分子"交权，是一种阶级投降行为，对此，固执的顾准竟然据理以争，与上级部门发生了重大意见分歧，也开启了个人悲惨命运之门，从此至死未关闭，苦难伴他一生。而导致他悲惨命运的原因是如此的简单，就是因为在工作思路上与上级机关不一致。就是因为他自己和上海的绝大多数税务干部认为，对上海这样一个现代化大城市，要征收营业税和所得税，如果按照工商业不很发达的中小城市的"民主评议"方法，不可能评议到每个纳税户。他在当时上海市税务局办的《税务通讯》上强调："要做到依率计征，必须控制计算"，加强核算之后，提出控制计算，必须注意依靠群众。"因为如果以为税务人员懂得这一行的内情，会查账，就能克服逃税，那是不可能的。逃税的人，他会想尽方法抵抗查税，查税的人克服逃税最好办法，只能是依靠职工、依靠群众。从逃税的厂商内部去了解逃税的情况，从与纳税人日常生活在一起的群众那里去了解逃税的情况，逃税才制止得了。"尽管从1994年开始我们基于税务人员廉政建设等考虑取消了税务专管员制度，但其中蕴涵的合理思想一定会有一天再被发现和继承。也许正是基于这种认识，加上他固执的性格，他才在上海率先实行，且一直沿用至1994年的"财政、税务专管员查账制度"。但谁又能料到，这意味着顾准苦难之门的开启。这当然令人百思不得其解，一方面是上海市委和市政府采纳了这一建议，而且取得了骄人的成绩：仅1952年3月，上海入库的税收达3亿万人民币（旧制），较1950年增加10倍。另一方面，却是顾准的被撤职。

　　当然，也有人以为，顾准个人的苦难完全是个人性格导致的。据熟悉顾准的老干部讲，顾准是一个典型的才子型知识分子干部，城府不深，自尊心极强，有时与人说话，显得得理不饶人，又耿又倔，争辩时甚至言语尖刻，容易伤人。但他们也认为，因此而把他上纲为"反党"，却匪夷所思！"顾准的确没有半点私心的考虑，更从未反过党。"1985年上海市委在为顾准恢复政治名誉的批复中使用的是，"撤消1952年2月29日市委负责同志在全市负责干部大会上宣布的撤消顾准同志市委财政经济委员会委员职务的决定"的措辞。

奉顾准为恩师的当代富有良知的经济学家吴敬琏先生在回忆顾准最后的日子时说："这是我有生以来，第一次目睹一个活生生的生命悄然而逝。而消逝的，竟然是这样一个嫉恶如仇却又充满爱心、才华横溢、光彩照人的生命，不能不使人黯然神伤。"关于顾准实在有太多的话要说，但我们更多的时候是失语，在他伟大的人格面前，我们只能又一次引用戏剧家沃尔波尔（Horace Walpole）的名言："这个世界，凭感情来理解，是个悲剧；凭理智来理解，是个喜剧。"对于顾准，我们又能说些什么呢？

作为一个税务官，我们对作为思想家的税官顾准先生，无疑有着职业上特别亲近的感情，对顾准个人悲惨的命运深感同情和愤慨，但更为有意义的可能是——思考和探寻，避免我们民族重蹈历史覆辙的理想之路，在我们的岗位中弘扬顾准"独立之精神、自由之思想"，这是我们民族需要补充的精神营养。

　　顾准虽然离去了，税务专管员制度虽然已经成为一个历史名词，但顾准实事求是、坚持真理、勇于创新的治税精神并未过时，这恰恰是我们在新时期税收事业中最需要继承和发扬的精神。

　　泰戈尔有言，拆下自己的肋骨，当作火把，点燃它，照亮黑暗中的路。顾准不正是这个拆下自己肋骨当火把，照亮我们鼓舞我们激励我们前行的人吗？

2004 年 3 月 2 日

回望分税制改革的历史背景

　　发轫于 1994 年的分税制改革，从最先提出设想，到最后出台实施，历经八个春秋，期间不知凝结了多少政界要人、财税学人的智慧与心血。20 年后回望分税制改革的历史背景，或正如《东方早报》所言，这"不仅是一次税制改革，更是一次财政改革、一次牵一发而动全身的经济和政治体制变革"。或如学者陈共所言："可以喻之为中国税制改革和财政体制改革的里程碑。"但是，由于历史境遇的复杂性与局限性，对分税制改革历史意义与现实价值的评估，最好不要把话说满，唯有尽量回归当时决策与实施的历史场景，或能为今天我们面临之新问题的解决，提供可资借鉴的有益启示。

1. 危机与担忧

　　客观地讲，财税体制作为国家治理体系的子系统，必然受制于国家宏观经济政治大系统的制约。固然，"两个比重很低"的现实是分税制改革的直接动因和现实境遇，但政治经济大背景的情势规制千万不可小觑。

　　其实，1992 年，正是因为在特定的"承上启下"的关键时期，邓小平同志的南方谈话，党中央召开的第十四次全国

216

代表大会，为犹豫徘徊的中国改革再次确立了正确的方向，注入了新的动力。因此，尽管 1987 年 10 月十三大通过《沿着有中国特色的社会主义道路前进》的报告就已经极为简要地提出，要"在合理划分中央和地方财政收支范围的前提下实行分税制"。但是，只有在 1993 年 11 月十四届三中全会通过了《中共中央关于建立社会主义市场经济体制若干问题的决定》，关于 1993 年 12 月 25 日国务院发布了《关于实行分税制财政管理体制的决定》（以下简称《决定》），分税制改革才算真正启动。《决定》规定，要改革地方财政包干体制，对各省、自治区、直辖市以及计划单列市实行分税制的财政管理体制进行改革，1994 年 1 月 1 日起正式启动。其目标是"统一税法，公平税负，简化税制，合理分权，理顺分配关系，保障财政收入，建立符合社会主义市场经济要求的税收体系"。需要特别指出的是，正是 1993 年"建立社会主义市场经济"改革目标的入宪，才为建构社会主义市场经济体制移除了制度性的障碍。

分税改革意味着，在市场经济下，政府间的财政关系应有助于统一市场的形成。因此，以往不规范的财政分权制虽然在特定历史时期增强过经济发展的活力，但同时也滋生了日益严重的地方保护主义倾向。

毋庸讳言，"两个比重持续下降"现实引发的政治危机担忧，才是分税制改革的深层原因和背景。而两位学者的报告和文章，恰恰警示了当时的决策高层。一个是早在 1986 年作为青年学者的楼继伟在经济社会体制比较杂志上发表的《吸取南斯拉夫经验，避免强化地方分权》的文章，他强调指出："我认为最不该做的事情是削弱中央的宏观管理，强化地方分权。这种危险在我国目前的改革中不是不存在的。"另一个则是 1993 年 5 月从美国留学归来的青年学者胡鞍钢撰写的一份报告，它认为南斯拉夫联邦解体的"致命因素"，是中央汲取财政能力不断下降，地方财力过大。

正因如此，1994 年的分税制改革目的十分明确，就是要让中央政府重掌财权，从宏观上调控宏观经济的发展。

2. 直接动因与背景

1994 年的分税制改革，被誉为是"新中国成立后的一次具有全面性、创新性和前瞻性的税制改革，奠定了市场经济税收体制和财政体制的基本模式，也为我国税制和财政体制的未来指明了方向……"但当时决策者的直接动因，或者说历史背景，却是因为具体的"两个比重太低"所导致的中央宏观调控难以到位。

众所周知，20 世纪 80 年代以后，中国经济出现了持续性的高速增长。1980—1990 年，国内生产总值的平均增长率为 9.5%，但经济的高速增长并没有为国家财力带来同步的增长，相反，"两个比重"，也就是中央财政收入在国内生产总值中的比重一再下降，中央财政收入在全国财政总收入中的比重一再下降。数据显示，1979 年第一个比重为 28.4%，但到了 1993 年，就下降为 12.6%；第二个比重同样下降很快，1979 年为 46.8%，1993 年就下降为 22%。

这些数据与现象无疑意味着，"20 世纪 80 年代末 90 年代初，中国的中央财政陷入了严重危机，由于财政收入占 GDP 比重和中央财政收入占整个财政收入比重迅速下降，中央政府面临前所未有的弱中央状态"。或者说，中央政府因为资金使用上的捉襟见肘，在国防、基础研究等各方面必需的建设资金严重匮乏，坦率地说，中央政府对宏观经济的调控能力已经严重削弱。

深究其因，就是因为从 1980 年财政体制改革以来，中央与地方之间的财政关系处于经常调整之中。1980—1984 年实行的是"划分收支、分级包干"体制；1985—1987 年实行的是"划分税种、核定收支、分级包干"体制；1988 年以后，实行的是多种形式的财政包干体制，包括收入递增包干、上解额递增包干、定额上解、总额分成、总额分成加增长分成、定额补助等具体形式。对此，在财税部门工作 41 年、已经卸任的财政部原部长项怀诚深有感触地说："在分税制改革之前，我们的财政体制始终处于多变的、不稳定的状态之中。1993 年之前的 40 多年里。变动了不下 15 次，最短的一次财政体制只维持了一年。"据国家统计局的数据，由于预算外资金的增长，到 1992 年全国预算外资金的规模为 3855 亿元，是当年预算内财政收入的 97.7%。

毋庸讳言，正是因为这些问题的存在，才使得在财政收入的增量分配中，中央财政所得的份额越来越少，如果再加上中央本级收入增长的持续性缓慢，中央财政收支的缺口就越来越大，财政困难越来越严重。因此，为了改变这种被动局面，强化中央财政的宏观调控力度，"分税制"改革势在必行。

所谓分税制改革，狭义上是指中央和地方财政分税的制度，广义上是要理顺中央和地方分配关系的改革，包括分税制和转移支付制度，目的在于处理各级政府间财政分配的关系。其具体内容则是用六个词来概括："分权、分税、分机构"，"返还、挂钩、转移支付"，前三个是改革的主体内容，后三个是辅助措施。

3. 直面挑战与压力

为了分税制改革方案的实施，中央高层和财税部门曾经颇费心机。对此，新近出版的权威文献《朱镕基讲话实录》中有详细的记录。前总理朱镕基曾亲率部委官员六十多人历时七十四天，分赴十六省份"东奔西走"，"南征北战"地谈判。

与地方政府的谈判，是从 1993 年 9 月 9 日开始的，直到 11 月 21 日结束。两个多月的时间，由朱镕基总理带领的大队人马，南"征"北"战"十六省。他们一行第一站是海口，最后一站是河北。在 70 多个日日夜夜里，既要充分听取各省同志的意见，做调查研究，与省里认真细致地算财政体制账；同时还要预测实施分税制后的 10 年里，中央从地方拿多少钱、占地方税收比重情况。

哪怕是到了分税制正式实施的 1994 年元月，为了预防意外，时任财政部长的刘仲藜还从中央银行临时借了 120 亿元放在国库里，时限一个季度，担心征不上税来。据时任国家税务总局局长的项怀诚回忆："到了 1994 年 2 月 8 日，我记得很清楚，那天是腊月三十，一月份税收数字上来了。一月环比税收增长 61%，我高兴得无法形容。"当时刘仲藜部长正在北京税务局检查工作，得到这一消息后非常高兴。可见当时决策者与实施者所面临的实际压力有多大。

20 年后回望当年分税制改革决策与实际效果，确实及时解决了当时国家治理面临的"两个比重很低"的历史性财政难题。1994 年之后，中央财政收入在国内生产总值中的比重、在全国财政总收入中的比重一路回升，自然也发挥了对宏观经济的调控作用，为统一市场的建立做出了应有贡献。但新的问题或在于，"两个比重"高低是财税治理或改革的终极目的吗？如果"两个比重"高低问题无助于增进全社会和每个国民的福祉总量，又该如何评价分税制改革的得失成败呢？

（原载 2014 年第 6 期《陕西国税》）

税眼入世路漫漫

时间过得真快，这一晃，距中国"入世"已经十个春秋过去了。

想当年在北京彻夜欢庆入世，还未及不惑之年的自己，如今已触摸到了知天命的指尖。当年还挥斥方遒，为中国入世忘情兴奋和忧愁，写下过《入世后旧体制为何不能快速瓦解》和《全球化对行政伦理生态系统的冲击及其因应策略》文章的自己，如今却大有恍然隔世之感。既为当年的热情欢呼自豪，也为曾经的理性判断骄傲。十年过去了，中国毕竟在日夜的纠结中朝前走。

毕竟，十五年的漫长努力，终于到 2001 年 12 月 11 日有了结果。从此，中国可以相对自由地与世界进行实质性的交流与沟通，开始融入世界主流，重启中华民族百年复兴之梦。

1. 风雨坎坷，痛并快乐着

十年前的那个冬日，相信早已嵌入千千万万的国民记忆之中。

十年后重温那个冬日，既不是暖冬，也不是严冬，实际上就是一个平平常常的冬日，只是国运的流转在这一天有了一个新的意义。从那个冬日开始，我们已融入文明社会的大潮，世界也没有因为中国的加入而迷失方向。一切似乎都在改变，一切似乎又没有多大改变。

这一点，透过税眼，我们即可管窥一斑。

就积极方面而言，在 WTO 的框架下，中国按照当初的承诺，已和 WTO 的 143 个成员国建立了国际间税收与贸易关系，也兑现了自己逐步降税的诺言。关税已经逐步降低，2010 年中国关税平均税率为 9.8%，农产品平均为 15.2%，工业品平均税率为 8.9%[①]，并开放了 100 个服务贸易的部门。内外资企业所得税也按照市场经济公平竞争的原则实现了合并，逐步取消了"超国民待遇"；增值税转型也择机顺利实现；出口退税作为促进外贸发展的政策工具，也在实践中学会了通过退税率的上下变动与退税范围增减等非中性的运作途径与方法[②]。同时，客观上，入世的确促进了中国税收法治建设的发展，提高了中国税收法治的水平。

毋庸讳言，入世对中国长远看，一定是利大于弊，有助于参与和享受全球资源配置与市场分工的好处。因为，WTO 规则的实质就是要求各成员国的政策、制度，必须适应自由

[①] 2009 年 12 月 15 日财政部新闻办公室：《财政部有关负责人就 2010 年我国关税调整情况答记者问》，财政部网站，2009 年 12 月 15 日。

[②] 邓力平，罗秦：《税收发展与税制改革：我国加入 WTO 十年的思考》，《税务研究》，2011 年，第 7 期，第 7-8 页。

贸易所需要的透明度、平等性和市场准入。入世后，中国将在履行 WTO 相关义务的同时，也会享受应有的权利。比如，入世后中国的出口规模就逐年扩大。1978—2000 年，中国进口额的年平均增速均为 15% 左右；但 2001—2010 年，中国进口的年平均增速达到 20% 左右①。

事实上，入世十年，中国在认真履行 WTO 承诺的同时，是在一边学习规则，掌握规则，一边运用规则来应对中国在国际上的贸易摩擦，积极解决争端。同时，也参与 WTO 相关规则的修订以及新规则的制定等活动。客观上，WTO 作为一种外生力量，有力地促进了中国社会政治经济文化的全面发展，不仅给曾经封闭的中国人提供了认识世界的新窗口和行为参考。而且，实实在在地让中国人感受到了入世的好处，释放了中国人压抑经年的首创精神和追求财富的热情。

然而，谨慎地说，入世初期利好的集中释放，很可能由于长期封闭的历史背景，因此，千万不可沾沾自喜。下一个十年，入世能否继续给中国带来实质性的好处，这毕竟是一个未知数。如果说入世的第一个十年是"机遇与风险共存，机遇大于风险"的话，第二个十年，很可能演变成"机遇与风险共存，但风险将大于机遇"。道理在于，第一个十年，不论中国，还是 WTO 各成员国，都有一个相互熟悉和了解的

① 海闻，李清亮：《加入 WTO 十年来中国对外反倾销实践分析》，《国际商务研究》，2011 年，第 3 期。

过程，客观上会以包容和忍让为前提。但在第二个十年，将直接面临利益可能挑战"原则与规则"的局面。比如，如果遵从或违背 WTO 原则，就会伤害本国利益或对本国有更大利益时，各个成员国无疑会陷入道德困惑与法治泥淖之中。因为现实中，利益完全可能挑战规则，巨大利益往往会本能地蔑视既有规则。

这无疑是摆在中国和所有 WTO 成员面前无法回避的时代性课题。

2. 当风险大于机遇

对中国而言，下一个十年，很可能面临的是一个"机遇与风险共存，但风险大于机遇"的历史境遇。该如何破题？如何应对？如何……

风险在于，在全球化时代，在 WTO 框架下，各个成员国都会追求本国利益的最大化。大家普遍遭遇的问题是，再完美的 WTO 规则，都不可能穷尽一切经济活动领域，更何况，世界上本来就没有最完美的规则。事实上，不完美几乎是任何规则永远无法剔除的先天性特征。因此，自觉不自觉地违规或挑战 WTO 规则，或许也是一个常态，大可不必惊诧。

但是，要维护世界经济的基本秩序，又不得不捍卫 WTO 的现行规则。这样，WTO 框架内的博弈将永远不会消失。

入世十年中国面临的诸多贸易摩擦，其实就是这些基本特征的具体表现。

坦率地说，早在中国入世四年后的 2005 年，就有 18 个国家（地区）对中国发起了反倾销、反补贴、保障措施和特保调查 63 起，涉案金额 21 亿美元。2007 年则有 20 个国家（地区）对中国发起了反倾销、反补贴、保障措施和特保调查 81 起，涉案金额 36 亿美元。2009 年共有 2 个国家（地区）对中国发起了反倾销、反补贴、保障措施和特保调查 116 起，涉案金额 126 亿美元。显然，这些调查案件，不论是频率还是规模，都呈现一种上升趋势。而且，2009 年中国遭遇的反倾销案约占全球的 40%，反补贴案占全球的 75%。同年 WTO 共受理的 14 起争端案件中，中国涉案 7 起，占 50%，居 WTO 涉案之首。而且，据 WTO 网站统计，截至 2010 年 10 月，中国被诉至 WTO 贸易争端案件中，40% 都来源于税收，其他争端事件，也直接或间接地与税有关。[①]

当然，如果我们不讲是非地仅站在中国的立场发言，完全可以将这些案件产生的原因推到 WTO 现有规则上，认为 WTO 现行规则是前 143 个成员国基于自己利益制定的，是对中国等后来入世者的"歧视"。问题是，一方面，中国可是自觉自愿，锲而不舍地主动要求加入 WTO 的啊！这些规则，中国不能不说不知道、不熟悉。认识不到位或许有，但说不

---

① 邓力平，罗秦：《税收发展与税制改革：我国加入 WTO 十年的思考》，《税务研究》，2011 年第 7 期，第 7-8 页。

知道显然无法摆上桌面。另一方面，别人制定的规则未必就是恶劣的，加入 WTO 意味着，你必须服从其"多数服从少数的原则"。

因此，唯一可取的选择就是反求诸己，从自身找差距、找问题。首先就该遵从 WTO 的规则，按照大家认同的规则约束自己的行为。然后，才可能按照既定程序修订不完善的规则，并参与新规则的制定。如此一来，不论是遵从 WTO 现行规则，还是参与制定 WTO 新的规则，对中国而言，都是一种挑战，也隐藏着一种风险。而最大的风险或许更在于 WTO 诸规则，作为各个成员国之间权利与义务的规范，与某个主权国家所实行政体之间的吻合程度。

因此，在纪念入世十周年的今天，居安思危，或许是中国应对"风险大于机遇"挑战的最好心态。风险并不可怕，可怕的是不知道风险，不知道风险在哪里，没有未雨绸缪，做好应对风险的思想准备。

3. 未雨绸缪，主动突围

面对未来，乐观虽然有助于激励我们前进的勇气，但却无助于我们理性地化解风险，最大限度地发挥 WTO 对中国社会文明进步的推动作用。

可以说，不论在 WTO 成员之间，还是在与尚未入世的国家之间，未来伴随经济贸易而来的税收竞争会愈来愈多，愈来愈激烈。而且，这种竞争会呈现多元化发展的态势。不仅在于外来税制与本土税制之间的竞争，更在于优劣税制之间的冲突。

对优良税制而言，如果与落后税制竞争，可能面临的主要挑战在于"妥协的底线"问题。但对一个尚未实现现代化文明转型的税制而言，面临的主要问题将是如何捍卫本国的基本权益以及补偿问题。或许，在这两个基点之上，全球性的税制竞争将趋于一种相对良善的态势，会逐步增进成员国中每一个国民的利益总量。否则，如果失去这两个基点性原则，税收竞争将趋于有害，无助于 WTO 组织创始者最初愿望的实现。

具体说，如果先进税制在与落后税制竞争中放弃了"妥协的底线"，就会向落后税制无原则地退让，彻底动摇 WTO 的基础体系。因为世界固然是以利益为根据构成的，但世界又不完全等同于利益，还有高于利益、制衡利益冲突的原则，诸如善、正义、人道、平等、法治、自由、民主、宪制、诚信等基本价值，更应追求和捍卫。

同样，如果落后税制在与先进税制竞争时完全放弃自身的基本权益，也是有违 WTO 创建者初衷的。WTO 就是基于公正、透明、自由竞争等普世价值建立起来的。只有在现实的利益冲突不可两全时，才不得不妥协地坚持"大多数成员国利益"的原则。事实上，加入 WTO，首先意味着对其"少数服从多数组织"原则的认同和遵从。否则，套用一句俗话就是：只是组织上加入了 WTO，思想上并未加入 WTO。因此，也就不是一个合格的 WTO 成员。WTO 共同体是所有成员国共同缔结的组织，每一个成员国一旦参加，就意味着为这个共同体做了一份贡献，而且是每一个成员国都做出了完全一样的贡献。自然，每个成员国都应该享有完全相同的一份权利。任何成员国不得伤害其他成员国的利益，这是底线，也是各个成员国之间缔结税收协议的基本理念。当然，WTO 也有特殊的情况，也设置了一些特殊的条款，用以解决特殊的事宜，比如为解决全球性环境污染而建议开征环境污染税等。同时，还设置了对违反 WTO 基本规则者的惩戒条款等。

就中国而言，未来面临的首要问题，将不仅仅是与各成员国之间在税收和贸易领域中的技术性冲突与摩擦，诸如关税税率的高低等。中国的定位，只能是如何捍卫和保护全体中国国民的基本权利，并争取到相应的利益补偿。

这就是未来中国的宿命，不管我们是否愿意，都必须面对。

（原载 2011 年第 10 期《陕西国税》）